Anonymous

Der Unglaube in den letzten Zügen

Anonymous

Der Unglaube in den letzten Zügen

ISBN/EAN: 9783744627313

Hergestellt in Europa, USA, Kanada, Australien, Japan

Cover: Foto ©Lupo / pixelio.de

Weitere Bücher finden Sie auf **www.hansebooks.com**

.1869.
che Verlagshandlung.

Inhalts - Angabe.

Der 'gute Apostel

von

J. Chantrel.

(Nach dem Französischen.)

Motto: Diese Kirch' ist ihm im Weg, und f...
Möchte Gott vernichten, den er läng...

Vorrede des Verfassers.

Man könnte mich fragen, warum ich mich mit den...
beschäftige, das Renan, Mitglied des Instituts (was er ...
sagen ja nicht vergißt), jüngst veröffentlicht hat.

Heißt das nicht einem todtgeborenen Kinde mehr E...
thun, als es eigentlich verdient? Heißt das nicht einem ...
eine Wichtigkeit beimessen, die es in Wirklichkeit gar nich...
sitzt? Heißt das nicht sein Scherflein beitragen zu einem...
folge, der ein Aergerniß über Aergerniß ist, und wohl lä...
vergessen wäre, wenn nicht gerade katholische Schriftsteller...
eine gewisse Berühmtheit verschafft hätten, indem sie das ...
bekämpften? Haben doch schon die Widerlegungen des "...
Jesu" mehr als genug Oel ins Feuer gegossen, das dieses...
Machwerk angezündet; warum noch neuen Zwist anzettel...
den „Aposteln" einige Tage Lebensfrist verschaffen könnte...

Ich habe all' diese Fragen selber an mich gestellt,
das „Für" und „Gegen" wohl erwogen, aber doch schli...
gefunden, man müsse das Stillschweigen brechen. Ich wil...
Gründe, die mich dazu bewogen haben, der Oeffentlichkeit...
einandersetzen.

Vor Allem ist das Stillschweigen nicht so allgemein beob=
achtet worden, um erfolgreich zu sein. Nein! Es wurde viel=
mehr längst gebrochen und der heutige Unglaube verfügt über
so viele Mittel der Veröffentlichung, daß sein Triumph ein wohl=
feiler wäre, wenn man aus Verachtung oder Geringschätzung
stilleschwiege; denn so was würde uns als Schwäche und Ohn=
macht ausgelegt.

Sodann scheint mir bei solch unverschämten und markt=
schreierischen Angriffen auf unseren Glauben das Stillschweigen
nicht das bestgewählte Vertheidigungsmittel zu sein. Wir müssen
vielmehr der Lüge die Wahrheit entgegenhalten, der Gottesläste=
rung mit einem feierlichen Liebesakte antworten, der öffentlichen
Gottesläugnung gegenüber ein öffentliches Glaubensbekenntniß
ablegen, und mit den unumstößlichen Beweisen göttlicher Wahr=
heit die elenden Trugschlüsse eines in den letzten Zügen liegen=
den Ungläubigen zu Schanden machen.

Aber, sagt man, das wegen dem „Leben Jesu" erhobene
Geschrei hat dem Verfasser fast mehr genützt, als geschadet.
Möglich! wofern man als einen allfälligen Nutzen die Silber=
linge meint, welche der neue Judas als Lohn für seinen Ver=
rath und seine Gottlosigkeit erschachert hat. Aber ist denn das
Geld wirklich von Nutzen angesichts der allgemeinen Verdamm=
nung, welche das Buch erfahren? angesichts des Glaubensbe=
wußtseins, das in allen katholischen Herzen neu erwacht? ange=
sichts der Schmach, die sich der falschgemünzte Gelehrte des
Instituts aufs Haupt geladen? angesichts der unwiderlegbaren
Beweise für die Gottheit unseres Herrn Jesu Christi?

Das ist richtig! Auch das neueste Werk Renan's verdient
die Ehre einer Widerlegung an und für sich nicht. Aber muß
man deßwegen etwa nichts thun für die vielen Schwachen, deren
Verführung es bewirken kann? Muß man nichts thun für die
vielen Schwankenden und die schon halbwegs Abgefallenen, die
nur noch einen Vorwand suchen, um ihren Glauben ganz ab=
zuschwören?

Die Widerlegungen des „Leben Jesu" haben, menschlicher=
weise zu reden, die Gottheit Jesu aufs Neue ins glänzendste
Licht gestellt, haben das eingeschlummerte Glaubensleben der
Völker neu erweckt, haben die herrlichsten Gegenerklärungen her=
vorgerufen, sind zum Troste und zur Beruhigung des empörten

Christengewissen geworden; während das „Leben Jesu" Renan's der verdienten allgemeinen Verachtung und dem Spotte anheim= gefallen. Warum sollten wir aber unserem Glauben, der Wahr= heit und dem guten Christensinn die Genugthuung eines zweiten, wenn auch wohlfeilen, doch immerhin wünschenswerthen und heil= samen Sieges versagen?

Dann ist noch eine andere Erwägung hinzugekommen!

Seit bald neunzehn Jahrhunderten hat der Glaube der Kirche alle nur immer möglichen Widersprüche erfahren und sie alle siegreich überdauert.

Während drei Jahrhunderten versuchte die blutigste und grausamste Verfolgung das Christenthum zu vertilgen und den Glauben an den Welterlöser unter Haufen von Leichen zu be= graben, ja die Kirche mit dem allerletzten der Gläubigen zu ver= nichten.

Die Kirche hat widerstanden und das Kreuz ward erhoben zum Siegespanier des Nachfolgers der Nerone, Domitiane und Diokletiane.

Hierauf kamen die Irrlehren. Die Kirche hat über sie triumphirt und die Einheit des Glaubens ward mehr denn ein Jahrtausend lang hochgehalten. Während dieser Zeit waren die Barbaren gekommen. Die Kirche hat sie überwunden und unter das Kreuz Jesu Christi gebeugt.

Noch heftigere, schrecklichere Kämpfe begannen im sechszehn= ten Jahrhundert. Alles that sich zusammen, um die Kirche zu verwirren, das Reich Jesu Christi zu zersplittern und seine Gott= heit zu vernichten. Aber Jesu Christi Gottheit ist Siegerin ge= blieben über die neuen Irrlehrer, die neuen Barbaren, die neuen Verfolger.

Endlich kam die ungläubige Weltweisheit, welche da glaubte, durch Spott und Hohn zum Siege zu gelangen. Voltaire trat auf mit der ihm eigenen Spötterei und Büberei.

Voltaire war eine Zeit lang der Beherrscher der Geister Europa's; und Dank den Fortschritten der Gottlosigkeit, man sah selbst ausgeschämte Dirnen unter dem Deckmantel der Göt= tin „Vernunft" deren schändliche Nacktheit sogar auf den Altären Jesu Christi feilbieten. Zwanzig Jahre nach Voltaire's Tod waren all' diese Schändlichkeiten verschwunden, und das zum Tod erschrockene Europa sank nieder vor den Altären Jesu Christi.

Es blieb nun noch eine Angriffsweise auf die Gottheit des Er=
lösers übrig; denn

Die blutige Verfolgung hatte sich machtlos erwiesen;

Die Trugschlüsse der Irrlehrer waren aufgedeckt;

Die falsche Weltweisheit war geschlagen;

Die Spöttereien hatten ihre Wirkung verloren;

Es blieb also nur noch der Versuch mit der kalten Gering=
schätzung (des Uebernatürlichen) durch die sog. Wissenschaft übrig
und diesen unternahm Renan, der nichts anderes ist, als der
Vertreter jener ganzen Schule, deren Kampfesweise zu enthüllen
es sich der Mühe lohnen mag.

Diese Schule erklärt: nur vor den Ergebnissen der Wissen=
schaft sich zu beugen; sie hat weder Haß, noch Vorliebe für
Jemanden, weder für Christus noch für Mohamet; sie faßt
Alles, die Wahrheit und den Irrthum, Gutes und Böses, un=
ter dem Einen Ausdruck: „höchste Gleichgültigkeit" zusammen;
sie hält nur das für wahr, was in die Sinne fällt, und ver=
wirft auch das Sinnenfällige, wofern es von ihr verlangt, eine
höhere Ordnung aufzustellen, als diejenige, welche wir mit un=
sern Augen wahrnehmen; mit einem Wort: sie verwirft die
Wunder, um das Uebernatürliche, um Jesus Christus, um Gott
zu leugnen; denn das ist ihr eigentliches Endziel, ein Zweck,
den man aber, je nach Erforderniß der Umstände, mit mehr
oder weniger Sorgfalt verheimlicht. Ist Gott einmal auf die
Seite geschafft, dann ist der Mensch Alles; dann gibt es kein
Sittengesetz und keine Pflichten mehr. Die Welt gehört dann
dem Stärksten und Weisesten, und die Gelehrten dieser Schule
behaupten: gerade sie seien die stärksten und Weisesten:

Ihnen gebührt also die Herrschaft,

Ihnen Ehrenstellen und Reichthümer,

Ihnen des Lebens Freuden.

Um die Freiheit kümmern sie sich nicht;

Die Wahrheit hassen sie, weil sie ihnen ein Hemmschuh ist;

Von Menschenwürde haben sie keinen Begriff.

Wenn nur ihre Leidenschaften Befriedigung finden können,
dann ist Alles wohlbestellt in der besten der möglichen Welten.

Aber es bleibt noch ein großes Hinderniß wegzuräumen,
und das ist Gott!

Um Gott zu vernichten, muß man Jesus Christus ver=
nichten;

Um Jesus Christus zu vernichten, muß man ihn zu einem
Menschen machen, wie wir sind;

Um die Gottheit Jesu Christi zu vernichten, muß man die
katholische Kirche vernichten.

Und nun stürmt man schon achtzehn Jahrhunderte lang
gegen diese von Jesus Christus auf einen Felsen gebaute Festung,
und hofft immer auf einen Sieg, der nie erlangt wird.

Man überläßt den Ungeduldigen, den Ueberspannten das
Wuthschreien und die Ausbrüche rasenden Wahnwitzes, und be=
gnügt sich, ein ruhiger Denker zu sein, der auf die oft miß=
brauchten Massen Eindruck macht.

Wie? wir sollten Christus hassen! Bei Leibe nicht!

„Wir, wir bewundern, ja wir verehren diesen ‚liebens=
würdigen Lehrer‘,“ aber das hindert sie keineswegs, ihn für
einen Verblendeten, Unwissenden, von seinen Jüngern Betroge=
nen zu halten, der selber wieder wissentlich betrog.

„Wir, wir sollten die Religion hassen und auf ihren Sturz
hinarbeiten? Welche Lästerung! Die Absicht, irgend Jemand
im Glauben wankend zu machen, liegt mir auf tausend Meilen
ferne,“ *) so ruft der gute Apostel, Renan, aus, und nun
schreibt er Bücher, damit man nicht mehr an die Gottheit Jesu
Christi glaube und einmal aufhöre: das Christenthum für etwas
Anderes anzusehen, als für bloßes Menschenwerk.

Angesichts dieser neuen Art einer unablässigen Befeindung
des Christenthums halte ich es für angemessen: nicht gleichgültig
zu bleiben, sondern diese Kampfesweise zu enthüllen, und darin
einen neuen Beweis für die Wahrheit des Christenthums zu er=
kennen.

Die Geringschätzung der alten Wissenschaft, d. h. das Auf=
geben all' der alten Trugschlüsse des Unglaubens, ist ein Beweis
von Schwäche, ein Bekenntniß der Ohnmacht all' der Kirchen=
feinde, welche Celsus, Porphyrius und deren Zeitgenossen vor=
angegangen. Wenn die neue Kampfesweise abgenutzt, wenn die
neuen Feinde des Christenthums, unseres Glaubens, in ihre

---

*) Les Apôtres: Introduction p. LIII.

Schlupfwinkel zurückgedrängt sind, dann bin ich begierig, zu wissen, welch neue Wege der Unglaube einzuschlagen beabsichtigt.

Nun hat man sie wirklich auf ihren letzten Angriffslinien gänzlich aufs Haupt geschlagen; darum bleibt über das „Leben Jesu" nichts mehr zu sagen übrig und ich versichere, daß auch über „die Apostel" nichts zu sagen übrig bleiben soll.

Ich vermesse mich keineswegs, dem Institutsmitglied auf jedem seiner Schritte zu folgen; jede Seite seines Buches würde mehrere Seiten erfordern zu einer einfachen Aufdeckung der Irrthümer, der unerwiesenen Behauptungen, der Lächerlichkeiten und Widersprüche, von denen sein Buch wimmelt. Ich beschränke mich bloß auf einzelne Punkte, welche ein Gesammturtheil über das Ganze fällen lassen und vollkommen den Schluß rechtfertigen, den ich aus dieser Studie ziehen will.

Sachkundigere, als ich bin, mögen eine abgerundetere Arbeit liefern. Die Beweise für die Wahrheit des Christenthums werden, dessen darf man versichert sein, durch nicht weniger bemerkenswerthe Arbeiten, als die vorliegende ist, vermehrt, und die Anfänge des Christenthums, auf welche der Unglaube, als ein ihm günstiges Feld, seine Aufmerksamkeit gerichtet hat; diese Anfänge des Christenthums werden fürderhin in einem solchen Lichte wiederstrahlen, daß weder Zweifel noch Dunkelheit im Geiste eines redlich denkenden Menschen zurückbleiben können.

Der Abtrünnige des vierten Jahrhunderts, Kaiser Julian, der die Weissagung Christi durch Wiederherstellung des Tempels zu Jerusalem Lügen strafen wollte, hat diese Weissagung gerade dadurch, daß er die Fundamentmauern dieses Tempels ausgraben ließ, zur buchstäblichen Erfüllung gebracht. Die Abtrünnigen aller Jahrhunderte, die des neunzehnten so gut wie der nachfolgenden, werden so, jeder der Reihe nach, durch ihre Niederlage die Wahrheit der göttlichen Offenbarung bekräftigen und dürfen getrost den verzweifelten Ruf ihres Vorbildes wiederholen: „Du hast gesiegt, Galiläer!"

I

Ein guter Apostel.

Ehe man das Werk Jemandens liest, thut man gut, vor=
erst dessen Grundsätze und Verfahrungsweise kennen zu lernen.
Ein Geschichtschreiber, oder Jeder, der sich den Namen eines
solchen beilegt, ist ein Zeuge. Es hängt Alles davon ab, daß
diejenigen, von denen er Zeugniß ablegt, ihm die Zeugnisse über
seine Glaubwürdigkeit abverlangen.

Ist er aufrichtig? Ist er in einer solchen Geistesverfassung,
daß er nichts anderes, als die Wahrheit sagen will? Sind die
Thatsachen so aufgefaßt, wie sie wirklich sind? Ist, mit einem
Worte, nichts an ihm, was sein Zeugniß verdächtig macht, so
daß er gar für ein falscher Zeuge gehalten werden muß?

Zur größern Beruhigung will ich von Persönlichkeiten gänz=
lich absehen. Daß Renan Zögling eines Priesterseminars ge=
wesen und es verlassen, daß er das bischen Wissen, mit dem
er so eigenthümlicherweise den Glauben angreift, den Priestern
verdankt, oder nicht verdankt, daran liegt wenig. Ich will auch
keine Nachforschungen anstellen, weder über die Beweggründe
seines Abfalles, noch über die Beweggründe seiner thatsächlichen
Angriffe auf die Religion; es gehört das vor Gottes Richterstuhl
und ich überlasse die Verantwortung darüber seinem Gewissen.
Ich fasse einzig und allein sein Buch ins Auge, das er der
Oeffentlichkeit übergeben, und sage:

Nein! Renan ist kein glaubwürdiger Zeuge.

Es ist ihm an seinem „Leben Jesu" zum Ueberfluß nach=
gewiesen worden, die Werke, deren Zeugenschaft er anrief, nicht
einmal gelesen, mehr als hundert Mal falsch citirt und sich in
Tausende von Widersprüchen verwickelt, ja ein Werk voll Unwis=

senheit und bewußter Unrichtigkeiten geschrieben zu haben. Das Alles mag doch sicherlich das Mißtrauen rechtfertigen.

Aber er könnte, durch die Stimme der Oeffentlichkeit auf= merksam gemacht, seine Ansicht geändert, durch die erhaltenen Belehrungen zur Einsicht gebracht, seine Fehler und Irrthümer erkannt, neue Beweise zu Gunsten seiner Untersuchung aufgefun= den haben, und nun die angegriffenen Punkte vertheidigen, die schwachen Voraussetzungen sicher stellen und den Nachweis liefern, daß ihm Beweismittel genug zu Gebote stehen, um denkende Geister zur Ueberzeugung zu bringen.

Nichts von all dem! Renan nimmt nichts zurück, ändert nichts, gibt nicht einmal eine Antwort. Er könnte allenfalls sagen: man hat mich kritisirt; und was soll das beweisen? Ich war darauf gefaßt. Man ist heftig geworden; auch das er= wartete ich; denn ich zerstörte die für das Seelenheil so theuren Ideen. Man hat meine Anführungen aus andern Werken an= gefochten, meine Wissenschaft angefochten, meine Behandlungs= weise angefochten, was thut das zur Sache? Ich behalte meine Behandlungsweise, fahre nach den gleichen Grundsätzen fort und beobachte die gleiche Art, Anführungen zu machen.

Aber statt dessen geht er ruhig seinen Weg, als ob sich das Alles von selbst verstünde.

Er ist gelassen,

Er ist beharrlich,

Er verachtet die Angriffe,

Er bedauert seine Gegner;

Mit einem Wort: er ist der gute Apostel, der sich von allen Seiten her schlagen läßt, ohne die Schläge zu erwiedern.

Es wäre das bewundernswerth, wenns nicht . . . . man darf es wohl sagen, wenns nicht über alle Maßen unverschämt wäre.

Hören wir nun einmal, wie dieser gute Apostel die Ge= schichte der „Apostel" geschrieben wissen will. Er sagt nämlich:

„Man braucht hier nicht auf die Regeln der Kritik zu= rückzukommen, welche bei der Abfassung dieses Buches maßgebend waren. Die 12 ersten Kapitel der Apostelgeschichte sind ein den synoptischen (zusammengestellten) Evangelien entsprechendes Schrift= stück, das auf gleiche Weise behandelt werden muß. Diese Art Schriften, halb geschichtlich und halb legendenhaft, darf weder als reine Geschichte, noch als reine Legende aufgefaßt werden. Die Einzelheiten der Apostelgeschichte sind alle erdichtet, obwohl sie einige kostbare Wahrheiten enthalten. Diese Erzählungen einfach wörtlich übersetzen heißt nicht: Geschichte schreiben. Diese Erzählungen gerathen in der That häufig mit andern mehr beglaubigten Texten in Widerspruch. Deßwegen darf man auch in dem Falle, wo nur ein einziger Text vorhanden ist, mit Recht befürchten, daß wenn noch andere vorhanden wären, auch der Widerspruch zu Tage träte. Bezüglich des Lebens Jesu ist die Erzählung des Lukas beständig kontrolirt und berichtigt durch die beiden andern übereinstimmenden Evangelien, und auch durch das vierte. Ist es, ich wiederhole es, nicht wahrscheinlich, daß, wenn wir etwas Aehnliches für die „Apostelgeschichte" besäßen, wie für die übereinstimmenden Evangelien und das vierte Evangelium, in der Apostelgeschichte eine Menge von Gebrechen und Mängel zu Tage träten, während wir jetzt auf ihr Zeugniß allein beschränkt sind."*)

Das sind nun die Regeln der Kritik Renan's!

Er hat behauptet, die Evangelien seien halb geschichtlich und halb legendenhaft. Man bewies ihm das Gegentheil; er aber geht darüber hinweg.

Man zeigte ihm, daß, weil die Glaubwürdigkeit, Wahrhaftigkeit und Uebereinstimmung der Evangelien außer aller Frage stehe, man sie nothwendig, um wahr zu bleiben, annehmen müsse. Er aber meint trotzdem, bloß einfaches Uebersetzen derselben heiße nicht Geschichtschreiben. Geschichtschreiben auf Grund wahrhafter Geschichtschreiber, die unmöglich Betrogene oder Betrüger sein können, ist also nicht nach dem Geschmacke der heutigen Geschichtschreibung. Hat man einen Geschichtschreiber zur Hand, so muß man, um Geschichte zu schreiben, die Thatsachen ganz anders, als er, darstellen; so verlangts der Fortschritt. —

Man hat von Renan die „mehr beglaubigten Texte", die angeblich denen der Evangelien widersprechen, verlangt. Er aber sagt: Ich, Gelehrter des Instituts, gebe mich nicht mit solchen Kleinigkeiten ab; ich habs behauptet, und weil ichs behauptet, so ists.

---

*) Introduction p. XII.

Und nun beachte man die Feinheit seiner Kniffe:

Es gibt vier Evanglien, von denen eines durch das andere kontrolirt werden kann. Ich machte mich mit dem Vorsatze an sie: Widersprüche in ihnen zu entdecken, die andere niemals darin entdecken wollen; und ich halte diese Widersprüche für bewiesen. Wenn man in der Apostelgeschichte keine findet, so kommt das daher, weil sie allein dasteht; wäre das nicht der Fall, gäbe es vier Apostelgeschichten, so würde man auch Widersprüche in ihnen finden, wie in den Evangelien; darum mögen wir uns auch nicht strenge an die Apostelgeschichte halten, sondern können sie nach unserem Gutdünken behandeln.

Und dabei macht der gute Apostel gewiß keinen Fehler, man darf ihm durchaus trauen.

Hatte man früher nur einen Geschichtschreiber als Quelle für eine Thatsache, so fragte man: ob er in der Lage gewesen sei, die Thatsache zu wissen, ob er so geeigenschaftet, daß man sich auf seinen Bericht verlassen, und bei wichtigern Thatsachen fragte man auch: ob er sie wohl hätte fälschen können, ohne sich in schwere Widersprüche zu verwickeln, deren Spuren man wohl auffände; ob seine Angaben mit andern schon bekannten Thatsachen übereinstimmen, und ob er darüber genügende Re= chenschaft geben könnte u. s. w.

Renan fragt nach solchen Dingen ganz und gar nichts. Lukas, der Verfasser der Apostelgeschichte, war sicherlich in der Lage, die Thatsachen zu wissen, die er erzählt. Er hat sie ver= öffentlicht zu einer Zeit, wo Augen= und Ohrenzeugen ihn hätten Lügen strafen können. Renan selber wagt es nicht, seine Glaub= würdigkeit in Zweifel zu ziehen. Die vom hl. Lukas erzählten Thatsachen erklären vollkommen die eine große, unbestrittene Thatsache der Ausbreitung des Christenthums im ersten Jahr= hundert. Alles ist zusammenhängend, Alles übereinstimmend,

„Aber er steht allein da," sagt Renan, „es gibt keine an= deren Apostelgeschichten, mit welchen man ihn vergleichen könnte, deßwegen man auch sein Zeugniß nicht annehmen kann."

Das heißt einfach Dreiviertheile der Geschichte vertuschen.

Er gibt aber dennoch einen Grund (für seine Behauptung) an, indem er sagt: der hl. Lukas war nur für eine Lehrmeinung eingenommener Erzähler, der schrieb, „um gewisse Ideen zur Geltung zu bringen, die er in einfacher kindlicher Sprache, in

verschwommenen matten Umrissen, auf wohlabgemessenem stark=
abstechendem Hintergrunde wiedergibt, wie es die Legende immer
macht".

Man lese, lieber Leser, die Apostelgeschichte, und sage dann,
ob die Abfassung wirklich so kindisch sei. Aus ihr mag Je=
mand herausfinden „die verschommenen und matten Umrisse"
und dann hinwiederum zusammenreimen diese Umrisse mit dem
„wohlabgemessenen und starkabstechenden Hintergrunde", von
denen Renan faselt, d. h. zusammenreimen „verschwommen" mit
„wohlabgemessen" und das „matt" mit „starkabstechend":

Da schließlich unser guter Apostel diesen Beweis selber
nicht für stichhaltig hält, so ruft er, seinen gelehrten Gleichmuth
an den Nagel hängend, aus:

„Wie denn! Man will uns zumuthen, dem Buchstaben
einer Schrift zu glauben, die von Unmöglichkeiten wimmelt?
Die zwölf ersten Kapitel der Apostelgeschichte sind ein Gewebe
von Wundern. Es ist aber eine entschiedene Regel der Kritik:
in geschichtlichen Erzählungen keine wunderbaren Verumständungen
zuzulassen. Sie sind nicht die Folgerung aus einer metaphy=
sischen Lehre, sondern ganz einfach eine Thatsache der Beobach=
tung; Thatsachen dieser Art hat man nie beobachtet."*)

Das große Wort ist gesprochen, wir kennen das Geheimniß
Renan's:

Es gibt keine Wunder;

Folglich ist jedes Buch, das Wundererzählungen enthält,
gerade dadurch zum vornherein verdächtig, und unter die Legenden
zu zählen.

Folglich muß jedes Wunder untersuchslos verworfen,

Folglich jedes Wunder natürlich erklärt werden.

Da haben wir den Geniestreich Renan's und den Angel=
punkt, um den er sich dreht. — Indeß wollen wir uns dieses
Bekenntniß wohl merken.

Nach der Lehre der Schule, welcher der gute Apostel an=
gehört, gibt es keine Wunder, weil das Wunder etwas Unmög=
liches ist; und das nennt man einen aus der Metaphysik ge=
zogenen Beweisgrund.

Nach Renan aber ist das Wunder, metaphysisch gesprochen,

---

*) Introduction p. XLIII.

möglicherweise möglich; allein man hat niemals Thatsachen dieser Art beobachtet. Mit andern Worten: die Thatsache ist möglich, aber es gibt keine Thatsache dieser Art.

Ein gewisser Herr Havet, ebenfalls ein sehr großer Welt= weiser und einer der starken Geister der Revue des deux-Mon- des, tritt für die Nichtmöglichkeit der Wunder auf und meint, Renan sei in seinem „Leben Jesu" allzuschüchtern gewesen. Frei= lich ist nicht Jedermann so starken Geistes wie Havet.

Renan begnügt sich, die Thatsache zu bestreiten. Das ist, ich sag es abermals, ein Bekenntniß, das man sich wohl merken muß. Die gewandtesten Ungläubigen reden nicht mehr von der Unmöglichkeit, weil sie fühlen, daß wer die Unmöglichkeit des Wunders behauptet, nothwendig Gott leugnen muß.

Was ist denn aber ein Wunder? Renan antwortet: „Das Wunder ist nichts Unerklärliches (d. h. nicht ein Geheimniß, nichts Unbekanntes), sondern es ist eine' vom Einzelwillen voll= zogene Aufhebung der bekannten Naturgesetze."*)

Nun gut! Wenn es einen Gott gibt, so ist Er der All= mächtige, der die Welt nach den von Ihm gegebenen Gesetzen erschaffen hat. Leugnen: Er könne diese Gesetze nicht aufheben, heißt seine Macht und sein Dasein leugnen, und an nichts mehr glauben, als an das Schicksal, das blinde Geschick. Was sein Wille festgesetzt hat, kann sein Wille auch aufheben. Die Mög= lichkeit des Wunders leugnen heißt also Gott leugnen und dem Atheismus anheimfallen, oder was auf eines herauskommt, dem Pantheismus.

Ich könnte Renan auf Grund der Art und Weise, wie er an verschiedenen Stellen von Gott redet, mit gutem Fug unter die Atheisten zählen, aber Renan hat bis jetzt kein Atheist sein wollen. Hat er etwa Furcht vor der schrecklichen Schlußfol= gerung seiner Lehren? Meint er etwa: das offene Bekenntniß des Atheismus wäre eine Unklugheit? Ich weiß es nicht. Es ist das seine Sache. Sicher aber ist, daß er in seinem „Leben Jesu" wie in seinen „Aposteln" ein Dasein Gottes anzunehmen scheint, folglich auch eine Möglichkeit des Wunders; und das genügt.

Aber, sagt er: wiewohl das Wunder möglich ist, so hat es doch nie Wunder gegeben.

---

*) Introduction p. XLVII.

Wir wollen sehen!

Ist etwa das Wunder nichts Beweisbares? Oder sind wirklich keine Wunder nachgewiesen worden?

Ich sage: das Wunder ist etwas vollkommen Beweisbares.

Wenn je eine Thatsache bewiesen ist, so ist es gewiß die: daß wenn man einmal gestorben ist, man wirklich todt ist; ferner die: daß die Todten nicht mehr auferstehen, gemäß einem allgemein bekannten Naturgesetze; und endlich die: daß eine höhere Macht als die des Menschen, als die aller bekannten Mächte, nämlich die Macht Gottes nöthig ist, um einen Menschen plötzlich, und ohne irgend welch andere Mitwirkung, als die Machtäußerung jenes Willens, welche diese Auferstehung befiehlt, ins Leben zurückzurufen.

Nun wohlan! Ist es etwa unmöglich zu beweisen, daß Jemand gestorben und zwar wirklich gestorben. Niemand wird das behaupten wollen. Wenn es auch Scheintodte gibt, so gibt es ebenso unbezweifelt Todte, deren Todesanzeichen unbestritten sind. Folglich kann der Tod bewiesen werden. Man kann mit nicht geringerer Gewißheit nachweisen: eine Person sei lebend und unmöglich als todt zu betrachten, so lange sie noch redet, ißt, trinkt, handelt und wandelt und ihren Willen kund gibt.

Das sind zwei Thatsachen, die aller Anfechtung überhoben sind.

Nun habe ich z. B. einen Leichnam vor mir; schon seit vier Tagen ist der Tod eingetreten; schon fängt er an zu riechen, und Verwesungsflecken zeigen sich. Da hab ich doch sicherlich einen Todten vor mir.

Nun kommt Jemand, läßt das Grab öffnen und spricht ohne weiteres im Namen Gottes zu diesem Todten: „Steh auf!" Nichts ist leichter darzuthun, als die wirkliche Ankunft dieser Person und die Worte, die sie zu dem Todten, ohne ihn anzurühren, gesprochen hat.

Und siehe! Der Todte erhebt sich, öffnet seine Augen, spricht und ißt und lebt noch mehrere Jahre hindurch. Um so etwas darzuthun brauchts nur Augen und Ohren.

Aber es ist auch Einsicht und redlicher Wille nöthig, um zu sagen: hier liegt eine „im Namen eines Einzelwillens vollzogene Aufhebung der bekannten Naturgesetze" vor; und das nennt Renan selber ein Wunder. Folglich kann das Wunder bewiesen werden.

Aber hat man denn niemals Wunder nachgewiesen? Renan bestreitet es; die ganze Menschheit aber bejaht es, das ist schon ein für Renan ungünstiger Umstand.

Es vergeht kein Jahr, daß man nicht sagen hört: da und da ist ein Wunder geschehen: da ist eine Person, welche die Aerzte aufgegeben hatten, plötzlich geheilt worden; dort ein Lahmer auf einmal zum rechten Gebrauch seiner Glieder gelangt; dort eine andere Krankheit verschwunden, und das alles in Folge von Gebetserhörungen. Die Aerzte, auch die ungläubigsten, zur Zeugenschaft gefordert, bestätigen die Thatsachen; sie bestätigen die Krankheit und bestätigen die Heilung. Das Mittel entgeht ihnen, aber der Glaube nennt es Wunder, und die gebildetsten und aufgeklärtesten Menschen sagen dasselbe; und das geschieht im 19. Jahrhundert, in Mitte der gepriesenen Aufklärung und am hellen Tage; und das geschieht zu Paris, freilich nicht im Institut; denn Gott hat keine Lust, die Mußestunden der Gelehrten zu verherrlichen; aber er gibt ihnen Gelegenheit genug, mit offenen Augen die Thatsachen zu sehen, wenn sie wollen. Diese zeitgenößigen Wunder, diese zeitgenößige Glaubwürdigkeit ist abermals ein für Renan ungünstiger Umstand.

Er sagt freilich: „In der Wissenschaft liegt der Beweis denen ob, die sich auf eine Thatsache berufen. Warum glaubt man nicht mehr an Engel und Teufel, obwohl unzählbare geschichtliche Texte deren Dasein voraussetzen? Warum? Weil eben das Dasein eines Engels, eines Teufels sich nicht nachweisen läßt." *)

Diese Stelle (aus Renan) beweist, was ich eben gesagt: daß nämlich jede Seite seiner neuen Schrift zwanzig andere erforderte, um all' seine Irrthümer aufzudecken. Ich habe hier nicht das Dasein der Engel und Teufel nachzuweisen; ich begnüge mich auf das Vorgehen des guten Apostels aufmerksam zu machen. Warum glaubt man nicht mehr? frägt er. Und wenn man noch daran glaubt, wohin kommt's denn mit ihrer Beobachtung. Also glaubt man doch noch.

Aber er verlangt von uns den Beweis für die Thatsache.

---

*) Introduction p. XLV.

Dieser kann zweifacher Art sein.

Handelt es sich um die Möglichkeit einer Thatsache, so gibt man metaphysische oder physische Beweise; metaphysische, wofern die Vernunft von einer einfachen Möglichkeit zu überzeugen ist; physische, wo es sich um sinnlich wahrnehmbare Dinge handelt. Wir haben soeben gesehen, daß die Möglichkeit des Wunders metaphysisch bewiesen ist, sobald nachgewiesen ist, daß Gott existirt. Wenn aber je etwas in der Welt bewiesen ist, so ist es gewiß das Dasein Gottes.

Ich setze nun den Fall: es handle sich um den Nachweis der Möglichkeit des Auffahrens eines Luftballons, des Sturzes eines Ochsen mittelst einer elektrischen Entladung, der Uebersendung von Depeschen durch dasselbe Mittel der Elektrizität. Hier ist klar, daß man den Beweis auf zwei Arten erstellen kann:

Entweder bringt man unanfechtbare, durchaus beglaubigte Zeugen herbei, und das genügt einem redlich denkenden Manne, denn wie Vieles glauben wir eigentlich nur auf Grund des Zeugnisses Anderer!

Oder man wiederholt die gemachten Versuche: man läßt einen Ballon steigen, tödtet einen Ochsen mittelst einer elektrischen Entladung, oder läßt den Telegraphendraht spielen. Diese zweite Art mag Manchem mehr zusagen, ist aber in der That nicht überzeugender als die erste.

Nun ist begreiflich die erstere Art, die auf wunderbare That=sachen einzig anwendbare.

Und warum das?

Weil eben ein Wunder ein Wunder, d. h. die Einwirkung des göttlichen Willens zur Aufhebung eines bekannten Gesetzes ist. Sagen: es ist ein Wunder geschehen, heißt: Gott hat ein bekanntes Naturgesetz aufheben wollen. Man hat also durch unbetheiligte, aufrichtige und erkenntnißfähige Zeugen nur nach=zuweisen, daß eine solche Aufhebung wirklich statthatte. Ist das geschehen, so ist der Beweis erstellt.

Aber Renan fordert mehr. Man wiederhole das Wunder, sagt er. Man muß also den Lazarus noch einmal sterben lassen, seine Leiche in's Institut schaffen, ihn hier einer Kommission von Gelehrten vorlegen und dann ihn daselbst noch einmal zum Leben erwecken; mit andern Worten: Gott hat einmal ein Natur=gesetz aufgehoben, das glauben wir aber nicht, bis Gott dasselbe unter den von uns angegebenen Umständen noch einmal thut, d. h. wir glauben an kein Wunder, bis Gott nach unserem Gut= dünken es wirkt, und uns das Vergnügen verschafft, einen schönen, wissenschaftlichen Bericht abzufassen.

Das ist freilich eine Lächerlichkeit ohne Gleichen.

Auf solche Gründe hin nicht an Wunder glauben wollen, heißt einfach jeglichen Beweis für dieselben unmöglich machen.

Woher aber diese Hartnäckigkeit?

Ich würde es gerne sagen, wenn nicht Jedermann es so gut als ich wüßte.

Die guten Apostel wissen wohl, warum sie nicht an die Wunder Jesu Christi und der Apostel glauben.

Millionen von Menschen glauben an das Vorhandensein der Stadt Peking, ohne je dort gewesen zu sein; sie glauben es auf Grund des Zeugnisses derer, die dort gewesen sind; sie glauben's, weil man eben gar nichts glauben müßte, wenn man all das verwerfen wollte, was Jedermann glaubt.

So spricht aber Renan nicht.

Ich glaube, sagt er, an die Möglichkeit des Vorhandenseins der Stadt Peking;

Ich weiß, daß Millionen Menschen dieses Vorhandensein bezeugen;

„Aber der Beweis liegt denen ob, welche eine Thatsache anführen."

Man beweise mir die Thatsache des Vorhandenseins Pekings.

Man stelle mir Peking vor Augen;

Man bringe Peking unter die Hallen des Instituts.

Von solcher Triftigkeit sind die Auseinandersetzungen Renan's.

Ich begreife ganz gut, daß Havet sie nicht allzutriftig findet.

Und nun begreife ich auch, daß es Renan weit lieber ist, den guten Apostel zu spielen, als mit wirklichen Beweisgründen denen zu erwiedern, welche seine Irrthümer, seine Widersprüche und seine Unwissenheit an's Tageslicht ziehen; denn so was ist leichter, verleiht einem den Anstrich eines Martyrers, der sich sonnt im Lichtglanze der Weltweisheit.

Es findet sich in seiner Einleitung eine derartige Stelle, die ich dem Leser nicht vorenthalten darf:

„Ich hoffe", sagt er da, „daß nach Verfluß der anderthalb Jahre, seit ich das ‚Leben Jesu' veröffentlicht, gewisse Leser=

treife mit biefen Unterfuchungen fich ruhigern Gemüthes befchäf=
tigen werden." *)

Diefe Gemüthsruhe ift in der That nothwendig, wenn man
das wertheste Kleinod feines Glaubens von folcher Unwiffenheit
und hochmüthiger Frechheit angefeindet fieht.

„Der Zwift in Glaubensfachen geht immer aus unredlichem
Sinne hervor, ohne es zu wiffen und zu wollen."

Dank!

Es zeugt alfo von unredlichem Sinn, wenn man die Irr=
thümer Renan's aufdeckt, wenn man ihn auf dem Verbrechen
falfcher Anführungen ertappt, wenn man fich eines fchallenden
Gelächters nicht enthalten kann bei Betrachtung der lächerlichen
Schlangenwindungen und Luftfprünge, die der Gelehrte macht,
um die Evangelien zu vernichten!

„Es ift ihm," fährt der gute Apostel fort, „nicht darum
zu thun völlig unabhängig fich auszufprechen und mit Umficht
Unterfuchungen anzuftellen."

Sich völlig unabhängig auszufprechen, heißt ihm fo viel als
leugnen; mit Umficht unterfuchen aber, fich recht viel Mühe
geben die Wahrheit zu vertufchen. Man thut alfo gut daran:
die Sprache des Gelehrten kennen zu lernen.

„Es handelt fich darum: eine unumftößliche Lehre zu ver=
theidigen und zu beweifen, daß der Andersdenkende entweder
ein Nichtswiffer, oder ein unredlicher Menfch ift."

Und wenn diefe Lehre wirklich fiegreich vertheidigt? und
wenn es, um den Gelehrten nicht der Unredlichkeit zu zeihen,
wirklich keinen andern Ausweg gibt, als ihn der Nichtswifferei
zu befchuldigen, was dann?

„Verläumdungen," fährt er fort, „Unfinn, Text= und Sinn=
fälfchungen, fiegesfrohes Vernünfteln über Dinge, von denen der
Gegner nie gefprochen, Siegesgefchrei über nicht begangene Irr=
thümer, nichts ift demjenigen zu gemein, der meint für das
Wohl der abfoluten Wahrheit in die Schranken getreten zu fein."

Ein Wort, Herr Renan! Wenn Sie irgend eine diefer
Verläumdungen, irgend einen Unfinn, irgend eine Text= und
Sinnfälfchung, irgend einen der Irrthümer, wie man Ihnen vor=
geworfen, als von Ihnen nicht begangen, namhaft machen könnten,

hieße das nicht: der Wahrheit einen Dienst erweisen? Hieße das
nicht Ihre Untersuchung bekräftigen? Und wenn Sie es können
und nicht thun, so ist es eine Pflichtvergessenheit von Ihnen,
weil Sie das beste Mittel, um zu zeigen, daß Sie Recht haben,
verabsäumen; können Sie es aber nicht, dann weiß man, auf
welcher Seite die Gemeinheit steht.

„Ich müßte die Geschichte nicht kennen, wenn ich auf all'
das nicht gefaßt gewesen wäre."

Sagen Sie eher: Sie hätten vollkommen darauf gefaßt sein
sollen; denn Sie wußten wohl, was Sie gethan, und kannten
genug Katholiken und Geistliche, die Ihre Behauptungen nicht
so leicht auf Ihr bloßes Wort hin hinnehmen werden. Aber
Sie kennen Ihre Zeit gut genug, und wissen wohl, daß kühne
Behauptungen immerhin etwelchen Eindruck auf die Masse der
Dummköpfe und Ungläubigen machen; und das ist der Grund,
warum Sie so kühn aufgetreten, das der Grund, warum Sie
heute noch groß thun mit Ihrer „Unempfindlichkeit".

„Ich habe nur jene Hitze bedauert, welche allzeit unfrucht=
bar ist."

O sie ist nicht unfruchtbar gewesen, Herr Renan, das ist's
gerade, was Sie bedauern dürften: denn Sie konnten ganz gut
vernehmen das feierliche Glaubensbekenntniß von 200 Millionen
Menschen, Sie konnten ganz gut vernehmen das „Kredo", das
Tausende von Menschen anstimmten, und zwar die Aufgeklärtesten
in der Liebfrauenkirche zu Paris am Ostertage 1864, wenige
Tage nach der Veröffentlichung Ihrer ersten Gotteslästerung,
und am Ostertage 1865, und an Ostern 1866, und ich ver=
sichere Sie, dieses „Kredo" wird auch angestimmt im Jahre
1867 und so fort bis zum Ende der Tage und wird nicht auf=
hören bis zum Beginn der Ewigkeit, wo der Glaube aufhört,
und an seine Stelle das Schauen tritt.

Ich fragte vorhin: welches die Eigenschaften eines Geschicht=
schreibers „der Apostel" seien, um sich bei seinen Lesern Ver=
trauen zu verschaffen.

Wir kennen jetzt diese Eigenschaften:

Er will nämlich auf keinen der ihm gemachten Einwürfe
antworten;

Er entstellt die Thatsachen, die er erzählt und weigert sich
die Quellen anzugeben, aus denen er geschöpft;

Er verwirft „zum vornherein" die Thatsachen, die seiner Lehre zuwider sind, wie z. B. die Wunder;

Er gibt sich nicht einmal die Mühe Widersprüche zu ver= meiden, und stellt unerwiesene Behauptungen auf.

Das ist der Gewährsmann, als den er sich uns anbietet.

Einige Züge mögen noch sein Lebensbild vervollständigen; und er selber bietet sie uns.

Er sagt in seiner Einleitung immer:*)

„Eine Menge von Briefen, die ich empfieng, und die in der redlichsten Absicht geschrieben wurden, fragen mich: ‚Was haben Sie denn wollen? welchen Zweck haben Sie sich vorge= setzt?' Ach mein Gott! den, welchen jede Geschichte hat. Hätte ich mehr als ein Leben, ich würde eines verwenden, um eine Geschichte Alexanders, ein anderes, um eine Geschichte Athens, ein drittes, um eine Geschichte der französischen Revolution, oder eine Geschichte des Franziskanerordens zu schreiben. Welchen Zweck hätte ich beim Abfassen dieser Werke? Nur den Einen: die Wahrheit, und diese zur Geltung zu bringen und dahin zu arbeiten, daß all' das Erhabene und Große der Vergangenheit erkannt würde und zwar mit der größtmöglichen Genauigkeit und in einer ihr würdigen Auseinandersetzung. Der Ge= danke, den Glauben irgend Jemandens wankend zu machen, liegt mir auf tausend Meilen ferne. Solche Dinge müssen mit höchster Gleichgültigkeit behandelt werden, gleichsam als wenn man für einen unbewohnten Planetstern schriebe."

Der gute Apostel will Niemandens Glauben erschüttern, und greift den Glauben von zweihundert Millionen Menschen an;

Er versetzt sich in höchste Gleichgültigkeit, und beginnt mit der Untergrabung der Grundfesten dieses Glaubens, nicht mittelst Beweisen, sondern mittelst unerwiesenen Voraussetzungen, Text= fälschungen und unrichtigen Anführungen;

Er gibt vor: es sei ihm nur um Auffindung der Wahr= heit zu thun, und diese zur Geltung zu bringen, und beginnt damit, daß er, ich scheue mich nicht es zu sagen, wissentlich fälscht, und gleichsam wie für einen unbewohnten Planeten schreibt! Das wäre wirklich der Ort, wo man keine Wider=

---

*) pag. LIII.

sacher mehr hätte; und wahrlich, wenn das verschwindende Ge=
schrei um seine Werke in Berechnung fiele, dann würde die
Erde für ihn bald zu einem wüsten Planeten.

„Der erste Grundsatz der kritischen Schule ist: daß Jeder
in Glaubenssachen so viel gelten lassen kann, als ihm gutdünkt,
und das Bett seines Glaubens gewissermaßen nach dem Maß=
stabe seiner eigenen Länge und Breite ausgräbt."

Also, warum schreiben Sie? Ist's Ihnen wirklich um die
Wahrheit zu thun, für welche Sie zu arbeiten erklären?

„Sollten wir wohl so unsinnig sein und uns in Dinge
mischen wollen, die von Umständen abhängig sind, die Niemand
ändern kann. Nimmt Jemand unsere Grundsätze an, so kommt
das daher, weil er jene Geistesstärke und Bildung besitzt, die
nothwendig sind, um dahin zu gelangen; all' unsere Anstren=
gungen vermöchten diese Bildung und diese Geistesstärke jenen
nicht zu verschaffen, die ihrer entbehren."

Noch einmal, Schicksalsgläubiger, warum schreiben Sie?

„Mir, wenn man mich je des Versuchs überführen könnte,
meinen Grundsätzen einen einzigen Anhänger verschafft zu haben,
der nicht aus sich selbst dahin gelangt wäre, mir würde es zum
größten Leidwesen gereichen."

O, Possenreißer!

Sie sagten soeben, daß die Auffindung der Wahrheit und
ihre Geltendmachung der Zweck Ihrer Studien sei;

Und meinen ohne Zweifel erst nach Auffindung dieser
Wahrheit zu schreiben;

Und daß es Ihnen zum Leidwesen, zum größten Leidwesen
gereichen .müßte, wenn man Sie eines Versuchs überführen
könnte, auch nur einen einzigen Anhänger für Ihre Ideen, die
Sie ja für wahr ansehen müssen, zu gewinnen.

Welche Wahrheitsliebe! welche Liebe zu seinen Mitmenschen!
Sie haben wohl versichert, daß Sie Ihre Dinge mit höchster
Gleichgültigkeit behandeln; aber es müßte Sie schmerzlich be=
rühren, wenn die Oeffentlichkeit Sie mit gleicher Münze bezahlte,
wie sie wirklich es zu thun im Zuge ist.

„Wer weiß aber nicht ohnedies, daß, wenn mein Zweck der
Krieg gegen die bestehenden Religionen wäre, ich ein anderes
Vorgehen einschlagen, ich mich einzig darauf beschränken müßte,

die Unmöglichkeiten und Widersprüche der Texte und der für heilig gehaltenen Glaubenssätze nachzuweisen?"

Aber wie? Was thun, was versuchen Sie denn anders? In Ihrem „Leben Jesu" haben Sie sich offen genug angestrengt, den einen Text mit dem andern in Widerspruch zu setzen, und indem Sie auf jeder Seite der „Apostel" die Erzählung der Thatsachen unter dem Vorwand entstellen, sie nicht wiedergeben zu können, wie sie erzählt werden, trachten Sie gerade nach nichts Anderem, als jene Unmöglichkeiten zu finden, von denen Sie sprechen.

„Die Hauptfrage, um die sich der Glaubensstreit drehen muß, d. h. die Frage über die Offenbarung und das Uebernatürliche berühre ich nie; nicht weil diese Frage für mich nicht mit voller Gewißheit gelöst wäre, sondern weil die Besprechung einer solchen Frage nicht wissenschaftlich ist, oder besser gesagt, weil die unabhängige Wissenschaft sie zum vornherein als gelöst voraussetzt."

Da haben wir's wieder!

Um eine wahrhafte und ernstgemeinte Geschichte Jesu und seiner Apostel zu schreiben, müßte man nothwendig die Hauptfrage über die Offenbarung und das Uebernatürliche behandeln; Renan aber erklärt, diese Frage gar nicht berühren zu wollen.

Ist sie denn gelöst?

Nein! Für zweihundert Millionen Menschen nicht; für die große Mehrheit der Leser, an welche er sein Buch richtet, und für die sie natürlich von größter Bedeutung sein müßte, nicht; aber sie ist's ja für ihn, und dies genügt.

Und in welchem Sinne?

Wohlverstanden, im Sinne der unabhängigen Wissenschaft, im Sinne der Verneinung. Auf eine Verneinung baut Renan sein ganzes Lehrgebäude auf, ohne sich die Mühe zu geben, nachzuweisen, auf was er seine „volle Gewißheit" gründet. Wahrlich man kann sich nicht angenehmer über seine Leser lustig machen, als Renan hier thut.

Schließlich gibt der demüthige Gelehrte einen letzten Pinselzug für sein eigenes Lebensbild, das ihn uns in seiner Selbstzufriedenheit darstellt.

Er sagt:*) „Wenn uns auch die Kirche ausstößt, wir

*) pag. LXI.

wollen uns nicht beklagen; trösten wir uns mit dem Gedanken an jene unsichtbare Kirche, welche die ausgestoßenen Heiligen, die besten Seelen aller Jahrhunderte in sich schließt. Die aus einer Kirche Verbannten sind immer ihre besten Glieder."

So! So! Wir begrüßen also diese besten Glieder der katholischen Kirche im ausschweifenden Luther, im grausamen Kalvin, und im gelehrten Renan.

„Der Irrlehrer von heut zu Tage ist der Rechtgläubige der Zukunft."

Das berechtigt Renan zur Hoffnung, daß der Nichtswisser von heut zu Tage der Weise der Zukunft sein werde.

Indeß hat man mich oft gefragt, ist dieser Mann wirklich so ruhig, wie er sich den Anschein gibt und es zu sein versichert?

Ist er eine so friedfertige Seele? Macht ihm sein Gewissen keine Vorwürfe?

Ich habe oft geantwortet:

Betrachtet sein Bild, schauet seine Photographie an und dann saget mir, ob sein Aeußeres den Eindruck eines mit sich selbst zufriedenen Mannes hinterlasse, der sich im Besitze völliger Sicherheit befindet.

Ich füge noch bei:

Betrachtet was für Schriften er herausgibt, und welches seine vorzüglichsten Beschäftigungen bilden; man kämpft doch gewiß nicht der Art mit für immer entschwundenen Nebelbildern; man arbeitet doch gewiß nicht so ungeheuer, nur um verächtliche Irrthümer zu verscheuchen; man macht doch gewiß nicht solche Anstrengungen, nur um die Zahl der Ungläubigen zu vermehren.

Noch mehr!:

Man lese die Schlußzeilen der „Einleitung zu den Aposteln", da heißt es: „Ein würdiger Landpfarrer gelangt durch sein einsames Studium und die Reinheit seines Lebens zur Einsicht der Unmöglichkeit des Buchstabenglaubens; soll er etwa diejenigen betrüben, die er bisher getröstet? Soll er den Einfältigen die Umwandlungen, die sie nicht begreifen, erklären? Gott bewahre! der demüthige katholische Landpriester, beschränkten, schüchternen Geistes, soll schweigen. O wie manch verschwiegenes Grab um die Dorfkirche herum birgt solch poetische Träumereien und englisches Stillschweigen"! Man lese diese Zeilen und sage dann: ob der Abtrünnige nicht Mitschuldige suche, sogar um den Preis gehässigster Verläumdung gegen solch demüthige Priester, die ihr Leben zugebracht mit dem Unterricht in den Wahrheiten des Katechismus, und mit der Uebung der Tugenden; gegen solch fromme Priester, deren Glauben eben so lebendig, als ihr Leben rein war! Das ist also seine letzte Zufluchtsstätte: die Verläumdung katholischer Priester und die Zeugeneinberufung jener Gräber, die nicht mehr reden können:

Wahrlich, er hat sich selbst das Urtheil gefällt.

Man könnte hier diese Studie abschließen; denn was braucht es mehr, um die Glaubwürdigkeit des Gelehrten und Geschichtsschreibers zu nichte zu machen?

Warum aber dem christlichen Gewissen eine Genugthuung versagen, wenn sich Gelegenheit dazu darbietet?

Wir fahren also fort, aber um uns nicht in Einzelheiten zu verlieren, beschränken wir uns auf vier Punkte, bei denen Renan selber mit sichtlicher Selbstbefriedigung verweilt. Wir werden sehen, wie dieser Mensch, der aus Jesus einen Verblendeten, aus den Aposteln ebenso Verblendete macht, die Auferstehung Christi, die Herabkunft des heiligen Geistes auf die Apostel, die Bekehrung des heil. Paulus, und die Gründung des Christenthums erklärt. Wir werden sehen, welche Luftsprünge und Kraftanstrengungen er machen muß, um das Wunder auszumerzen. Die Schlußfolgerung wird sich dann von selbst aus dem ungewöhnlichen Schauspiele ergeben, dem uns der Gelehrte des Instituts beiwohnen läßt.

II.

Neues Verfahren Todte zu erwecken.

Zwei Dinge sind's, über welche die Menschen gerne verfügen möchten, nämlich: die Verlängerung des Lebens in's Unbeschränkte und die Auferweckung der Todten. Aber alle Bemühungen der Gelehrten, und alle Forschungen der Alchemisten und Aerzte haben das Mittel bis jetzt noch nicht entdecken können.

Der natürliche Tod nach einer gewissen Anzahl von Lebensjahren, oder der vorzeitige Tod durch Krankheit oder Zufall erfolgt nach einem allgemein bekannten Naturgesetz. Daß wohl der Einzelne dieses Gesetz aufheben und zu nichte machen möchte, unterliegt keinem Zweifel. Aber kein Einzelwille vermag etwas gegen das Gesetz, und der verhängnißvolle Ausspruch lautet immer: „Das Gesetz macht keine Ausnahme".

Seit der Veröffentlichung „der Apostel" Renan's aber muß man sagen: Das Gesetz wird keine Ausnahme machen; denn der Weise des Instituts hat endlich das längstgewünschte Mittel erfunden: Todte zu erwecken. Tröstet euch also, betrübte, hoffnungslose Mütter, wenn ihr ein theures Kind verlieret; tröstet euch! denn jetzt habt ihr ein Mittel: den Gegenstand euerer Liebe wieder aufleben zu lassen, und zwar nicht bloß für euch, sondern auch für euere Umgebung, und zwar wieder aufleben zu lassen so, daß alle Geschlechter bis zum Ende der Tage zur Ueberzeugung kommen müssen: daß dieses Kind wirklich wieder in's Leben zurückgekommen, daß ihr mit ihm geredet, daß auch Andere es gesehen und mit ihm gesprochen, mit ihm gegessen, mit ihm gehandelt und gewandelt 2c. Das Mittel ist sehr einfach und im Besitze Jedermanns, der in eine andere Person verliebt ist. Es lautet:

Dreißig oder vierzig Stunden nach der Beerdigung der geliebten Person begibst du dich zum Grabe „voll zärtlicher Hochachtung und dem sehnlichsten Wunsche Trauergedächtniß zu halten" für den Gegenstand deiner Liebe. Du bleibst „auf dem Grabhügel" und erweckst in dir recht lebhaft den Wunsch, noch einmal den vielgeliebten Leichnam umarmen zu können." Sobald dieser Wunsch recht lebhaft geworden, wirst du alsbald „ein leises Geräusch hinter dir" vernehmen. Das ist „die Stimme, vor der du so oft erzittert, der Ton" der geliebten Person, und „das Wunder der Liebe ist vollendet."

Das ist die ganze Schwierigkeit! Das Rezept Renan's ist, wie man sieht, außerordentlich leicht anzuwenden, er selber bürgt für dessen sichern Erfolg. So nämlich wirkte, wie er sagt, Maria von Magdala das Wunder der Auferstehung des Erlösers.*)

„Auf ihr ruhte eine Stunde lang die ganze Last des Chri=

---

*) pag. 5—15.

stenthums; ihr Zeugniß entschied über den Glauben der Zu=
kunft*) . . . Maria allein liebte so innig, um über die Natur
hinauszureichen und das Schattenbild des ausgesuchten Mei=
sters (ein Styl, den Havet bewundert) wieder aufleben zu lassen.
Bei dieser Art wunderbarer Vorgänge heißen die Nachbilder
nichts; alles Verdienst liegt im erstmaligen Schauen; denn die
späteren Beschauer modeln in der Folge ihr Gesicht nach einem
gegebenen Vorbild. Es ist das Eigenthümliche schöner Leibes=
gestalten ein Bild, bald richtig und gleichsam nach Art einer
in ihrem Innern liegenden Zeichnungsvorlage zur An=
schauung zu empfangen. Der Ruhm der Auferstehung gebührt
darum Maria von Magdala. . . . Der durch Magdalena's
feine Sinnesauffassung geschaffene Schatten schwebt
noch durch die Welt. Magdala, die Königin .und Patronin
der Idealisten, wußte besser als irgend Jemand ihrem Traume
Geltung zu verschaffen, Allen das hl. Traumbild ihrer leiden=
schaftlichen Seele einzuprägen ... Fort! ohnmächtige Vernunft!
Es geht nicht an, eine kalte Untersuchung bei diesem Meisterwerk
des Idealismus und der Liebe anzustellen. Wenn die Gelehr=
samkeit es verschmäht, diese durch das Schicksal in Staub getre=
tene Menschheit zu trösten, so möge der Wahnwitz den Streich
versuchen. Wo ist der Gelehrte, welcher der Welt je so viel
Glaube verschafft hätte, als Maria von Magdala besaß? . . .

Wie sich der arme Mann selber schlägt!

Er verwirft, was über die Natur hinausreicht und nimmt
hinwiederum an, Magdalena habe über die Natur hinausgereicht,
um das Schattenbild des ausgesuchten Meisters wieder auf=
leben zu lassen!

Er will nur glauben, was ihm vollkommen erwiesen ist,
und nun meint er, die Gebildetsten der Menschheit sollten als
glaubwürdig annehmen, was eine Geisterseherin geschaut zu haben
vermeint, und das von Jahrhundert zu Jahrhundert; und daß,
um dieses anzunehmen, die Menschen nothwendig Alles aufgeben
müssen, was sie bisher geglaubt; und daß, wenn dies geschehen,
sie nothwendig ihre Leidenschaften bekämpfen, und den Vergnügen,
die sie fesselten, entsagen müssen!

Aber Maria von Magdala besaß eine Art in ihrem

---

*) pag. 7.

Innern liegender Zeichnungsvorlage, was braucht's dann noch mehr? Sie besaß eine feine Sinnesauffassung, die fähig war einen Schatten zu schaffen. Nicht wahr, das erklärt Alles?

Und nun betrachte man diesen Gelehrten, der das Wunder verwirft, und die Gottheit des Erlösers Jesu Christi verwirft, nur weil das seine Vernunft übersteigt; man sehe ihn, wie er seiner eigenen Vernunft in's Angesicht schlägt und zu ihr spricht, daß sie hier nichts zu sehen, nichts zu schaffen habe; -man sehe ihn, wie `er eine Gelehrtennarrheit hocherhebt und verherrlicht, nur weil diese Narrheit allein die Welt noch in Entzücken ver= setzen kann!

Ist das nicht eine entsetzliche Strafe für diesen hirnver= brannten Hochmuth, der sich wider Jesus auflehnt? Und kann man in mehr Widersprüche sich verstricken? Mir scheint der so in die Enge getriebene Unglaube, nachdem er trotz achtzehnhun= dertjährigen Anstrengungen und Studien nur solch elende Erklä= rungsversuche für die Auferstehung, die er ansicht, zu Stande gebracht, geradezu unwiderlegbar die Wahrheit dessen darthut, was er umzustoßen versucht. Wenn in einem Wortstreit ein Gegner so in die Enge getrieben ist, daß er nurmehr die lächer= lichsten Einwürfe vorzubringen weiß, dann hat aller Streit ein Ende, und seinerseits liegt das Bekenntniß vor, daß ihm kein Mittel mehr auf die Beine helfen könne.

Renan hat dem Beweise für die Gottheit Jesu Christi ein Buch gewidmet, indem er zeigt, daß man nichts Vernünftiges vorbringen kann, sobald man diese Gottheit antastet.

Das zweite von ihm veröffentlichte Buch ist ein Beweis, der bisher noch zu Gunsten der Auferstehung mangelte, oder mindestens noch nie in solchem Glanze zu Tage trat.

Als Nachfolger der Juden hat er ihr Werk zum Abschluß gebracht; in jeder seiner Unternehmungen gegen Christus erkennt das mißachtete Volk nur eine Erfüllung der Weissagungen und einen neuen Zug, um Christi Gottheit zur besseren Erkenntniß zu bringen; jede der Gotteslästerungen Renan's ist eine weitere Bekräftigung unseres Glaubens.

Das ist also der Gelehrte, dem all die großen Thore des Instituts offen stehen: er versteht (ein wenig) hebräisch, deutsch, griechisch 2c., er kennt die Religion, deren Diener er hätte werden sollen; er kennt all die Einwürfe des Unglaubens, deren Sturm=

böcke einer er geworden ist; er hat eine Reise ins heilige Land gemacht, er hat aus eigener Anschauung die erhabene Geburts= stätte des Christenthums kennen gelernt; er steht auf der Höhe all der Entdeckungen, der Bildung und der Wissenschaft, und hat sich mitten im Aufklärungslichtglanze des 19. Jahrhunderts fest= gesetzt. So mit allem Nöthigen ausgerüstet, von den Umständen begünstigt, vom mißlungenen Erfolg seines ersten Werkes unter= richtet, führt er auf den Kampfplatz all' die Macht seines Geistes, alle Hülfsquellen seiner Wissenschaft und all' die Verführungs= künste einer Schreibweise, die zwar von andern übertroffen, aber doch des Verdienstes nicht entbehrt; er verbringt mehr als zwei Jahre damit, seinen neuen Angriffsplan auszusinnen und ge= langt — wohin? Zur Behauptung: das, was zweihundert Millionen Menschen glauben, die Thatsache, auf der die Bildung von achtzehn Jahrhunderten ruht, jene Bildung, welche Europa zur Beherrscherin der Welt gemacht, diese Thatsache sei das Er= gebniß von Betrügereien eines Weibes, dessen Sinnesauffassung sehr fein war, das eine Art einer in seinem Innern vorhandenen Zeichnungsvorlage besaß, das mit einem Wort — verrückt war. Und nach dieser herrlichen Entdeckung fühlt er, er, der Gelehrte des Instituts, der Freund der Wahrheit, der Vertheidiger der Vernunft, der Feind des Uebernatürlichen, er fühlt sich zum Ausruf gedrängt: Fort! ohnmächtige Vernunft!

Ich frage, kanns wohl einen unumstößlicheren Beweis für die Wahrheit der Auferstehung Jesu Christi geben, als hier Renan bietet?

Wir haben gesehen, daß Renan von denen, welche diese Thatsachen glauben, den Beweis dafür verlangt. Könnte er uns nicht viel leichter eine Wiederholung der Auferstehung durch die von ihm entdeckten Todtenerweckungsmittel bieten? Er hat ja eine schöne Leibesgestalt, eine Art in seinem Innern liegender Zeichnungsvorlage und eine feine Sinnes= auffassung: warum benützt er nicht zur Probe irgend eine geliebte Person und läßt sie vorerst in seiner eigenen Einbildungs= kraft, hernach auch in der Einbildungskraft Anderer, welche diese Person gekannt haben, wieder aufleben?

Nur keine Furcht! Renan, der für das Evangelium, dessen Wahrhaftigkeit einzig den Zustand der heutigen Welt zu erklären vermag, so viel fordert, wird die Probe nicht anstellen. Und doch wäre das eine so schöne wissenschaftliche Erfahrungsthatsache.

Wenn hiezu ein einziges Quintchen Dummheit genügt, so scheint er einen schönen Vorrath davon zu besitzen, und ich thue ihm damit keine Unbild an; denn er selber belehrt uns: daß er den Sonnenstich gehabt, der ihm die Bekehrung des heil. Paulus erkläret habe.

Doch davon später!

Es wäre vergebliche Mühe, dem ohnmächtigen und lächer= lich gewordenen Trugschlüßler in seinen weitern Erklärungen über die Auferstehung zu folgen. Wir wissen, wie er die Sache einfädelt, die in seinen Kram paßt; er leugnet einfach, was ihm im Wege steht.

Für ihn ists eine ausgemachte Sache, daß der Leichnam Jesu gestohlen worden.

Frägt man: durch wen? so antwortet er: durch die Jünger;

Wie? indem sie den Stein weghoben, und den Leichnam an einen Ort hintrugen, wo er vor den Entweihungen der Ju= den sicher war.

Aber die Grabwächter? — Es waren keine da. — Und die Rechtschaffenheit der Jünger? — Sie haben schließlich selber geglaubt, was ihnen Andere aufgebunden. — Aber beweist denn der Unglaube des heil. Thomas nicht, daß die Apostel nicht so leicht zu täuschen oder zu überzeugen waren. O, sein Unglaube war nur Neid gegen die Andern, welche vorgaben den Herrn gesehen zu haben; und ohnedies „wurde er ja zufrieden gestellt“.*)

Dann fügt der Trugschlüßler bei: „Von da an herrschte in Bezug auf Leichtgläubigkeit ein schrecklicher Wetteifer und gleichsam eine Art Raserei. Das Verdienst zu glauben, ohne gesehen zu haben, der Glaube um jeden Preis, der wohlfeile, der bis zur Verrücktheit gesteigerte Glaube ward nun als erste der Geistesgaben hoch erhoben .... Die ersten Tage (nach der Auferstehung) waren gleichsam eine Zeit anhaltenden Fiebers, wo die Gläubigen sich gegenseitig begeisterten, einer dem andern seine Träumereien einrichtete, sich gegenseitig aufreizten und zu den überspanntesten Ideen sich erschwangen.“*)

Einen Beweis, einen einzigen Beweis für diese Ueber= spanntheit, diese Verrücktheit, diesen schrecklichen Wetteifer?

Auch nicht Einen!

---

*) pag. 24.　　**) pag. 25.

Es wäre denn, wir fänden ihn in der folgenden Erzählung über die Erscheinung zu Emaus. Renan erzählt da:

„Am Auferstehungs=Sonntage, in einer schon vorgerückten Morgenstunde, wo die Erzählungen der Frauen schon im Um= lauf waren, machten sich zwei Jünger, von denen der eine Kleopatros, oder Kleopas hieß, auf den Weg, einem Flecken zu, Emaus genannt, und nur ein Weniges von Jerusalem entfernt. Sie redeten mit einander über die jüngsten Ereignisse, und waren voll Traurigkeit. Auf dem Wege gesellte sich ein unbekannter Begleiter zu ihnen und fragte nach der Ursache ihres Kummers. „Bist du denn der einzige Frembling in Jerusalem, fragten sie „ihn, der nicht weiß, was sich daselbst zugetragen? Hast du „nicht reden gehört von Jesus von Nazareth, der ein Prophet „war, mächtig in Wort und That vor Gott und dem Volke? „Weißt du nicht, wie die Hohepriester und Aeltesten ihn ver= „urtheilten und kreuzigten? Wir hofften, daß er Israel erlöse, „und siehe, schon ists heute der dritte Tag, seit sich das Alles „zugetragen. Aber einige unsrer Frauen haben uns diesen Morgen „in große Bestürzung versetzt. Sie waren vor Tagesanbruch „am Grabe, sie fanden den Leichnam nicht, behaupteten aber „Engel gesehen zu haben, die ihnen sagten: er lebe. Einige der „Unsern waren hernach auch beim Grabe; sie fanden Alles so, „wie die Frauen ausgesagt, aber Ihn haben sie nicht gesehen."*)

Bemerken wir im Vorbeigehen, daß das Jünger sind, die uns keineswegs von großer Ueberspanntheit zeugen und deren Geist nicht allzu gereizt ist, an die Auferstehung zu glauben.

Der Geschichtschreiber der „Apostel" fährt aber fort:

„Der Unbekannte war ein frommer Mann und in der Schrift bewandert; denn er führt Moses und die Propheten an." (Hier beginnen die Erklärungen.)

„Diese drei guten Menschen schlossen Freundschaft. Als sie sich Emaus näherten und der Unbekannte seinen Weg fort= setzen wollte, baten ihn die beiden Jünger mit ihnen zu Nacht zu speisen."

Jetzt kommt eine herrliche Stelle:

„Der Tag neigte sich;" sagt der Herr Apostel Renan, der hier in seiner Weise den heil. Evangelisten Lukas ergänzt. „Die

---

*) pag. 18 und 19.

Erinnerungen der zwei Jünger wurden allmählich schmerz=
licher. Diese Stunde des Abendmahls war es, die sich Alle
mit Entzücken und Sehnsucht ins Gedächtniß zurück riefen.
(Warum also schmerzlich?)

Wie oft hatten sie gerade in jenen Augenblicken den heiß=
geliebten Meister in fröhlicher Unterhaltung, gewürzt durch
einige Schlücke edlen Weins, die Last des Tages ver=
gessen gesehen und ihn sprechen gehört von der Frucht des Wein=
stocks, von der er aufs Neue mit ihnen im Reiche seines Vaters
trinken werde? Die Handbewegung, die er machte, als er sein
Brod brach und es ihnen darreichte, gemäß der Sitte des Haus=
herren bei den Juden, war tief in ihr Gedächtniß eingeprägt.
Voll der süßesten Trauer vergessen sie den Fremden
und sehen nur Jesum das Brod halten, dann es brechen und
ihnen darreichen. Diese Erinnerungen beschäftigten sie so aus=
schließlich, daß sie es kaum bemerkten, als ihr Gefährte, der seine
Reise fortsetzen mußte, sie verlassen hatte. Die zwei Jünger aber
lebten in der Ueberzeugung: sie hätten Jesum gesehen."*)

Nicht wahr? eine meisterhafte Erklärung!

Auf was stützt sich also der Glaube der Menschheit und
all die durch ihn bewirkten Veränderungen in der Welt während
achtzehn Jahrhunderten?

Auf die im Innern eines Weibes liegende Zeichnungsvor=
lage, auf einer überspannten Leichtgläubigkeit, auf der Hand=
bewegung eines Unbekannten, die man mit der des Heilandes
für ähnlich hielt, als er das Brod brach, und endlich auf der
Befangenheit zweier Menschen, welche nicht einmal die Abreise
ihres Reisegefährten bemerken, den sie doch zum Abendessen ein=.
geladen.

Wahrlich, so schöne Dinge kann nur ein alter Seminarist,
nur ein das Hebräische so obenhin radebrechender Gelehrter des
Instituts ersinnen!

Aber vergessen wir nicht, daß von Renan noch ganz andere
Ursachen der Gründung des Christenthums erfunden worden;
nämlich:

· Der Sturm, der am Pfingsttage zu Jerusalem stattfand;

---

*) pag. 20 und 21.

Der Sonnenstich, der den Saulus auf dem Wege nach Damaskus blind gemacht;

Und die günstige Aufnahme der neuen Lehre durch Nero und seine Nachfolger, sowie durch die heidnischen Weltweisen und all die tugendhaften und menschlichen Römer, welche während drei Jahrhunderten das Blut der Christen in Strömen vergossen haben.

Verfolgen wir also unsern Weg an der Hand des Apostel= buches.

III.

Der Pfingststurm.

Die Auferstehung Jesu Christi ist die Grundlage unsers Glaubens. „Ist Christus nicht auferstanden, so ist unser Glaube eitel", sagt der heil. Paulus. Und in der That! Alles beruht auf dieser Grundlehre: daß Jesus Christus der Sohn Gottes und Gott selber ist; Alles beruht auf der Wahrheit seines Wortes: daß er am dritten Tage auferstehen werde. Ist er wirklich auf= erstanden, so muß er nothwendig Gott sein; denn Gott der All= mächtige allein kann Todte erwecken, und nie kann Gottes All= macht im Dienste eines Betruges stehen. Wir haben nun gesehen, daß es keine unumstößlichere Wahrheit gibt, als die Thatsache der Auferstehung Jesu Christi. Unser Glaube ist also kein eitler, sondern stützt sich auf eine unerschütterlich feste Grundlage. —

Die ohnmächtigen Anstrengungen des Unglaubens haben nur dazu gedient, diesen Eckstein unsers Glaubensgebäudes noch fester zu begründen.

Setzen wir aber für einmal den Fall: Jesus Christus sei nicht auferstanden, sei also auch nicht Gott. Dann ist auch die Geschichte seit achtzehnhundert Jahren ein unlösbares Räthsel; dann muß man zu den hirnlosesten Erklärungsgründen greifen (wie Renan und sein Nachtreter Vögeli thut); dann muß in den Jahrbüchern der Menschheit das Auftreten einer ansteckenden Krankheit ganz eigener Art angenommen werden, nämlich der Anfang und die achtzehnhundertjährige Dauer einer Verrücktheit, der alle Alter, Stände und Geschlechter anheim gefallen, einer Verrücktheit, welche die erhabensten Tugenden erzeugt und die wunderherrlichsten Meisterwerke der Beredsamkeit und Dichtkunst geschaffen, welche ein Volk um das andere aus rohen Barbaren zu gebildeten Menschen umgestaltet, welche Europa zur Beherrscherin der übrigen Welttheile erhoben, welche die bewundernswertesten wissenschaftlichen Wettkämpfe wach gerufen und unterhalten, welche die Erde mit den hehrsten Baudenkmalen bedeckt, welche gerade zur Zeit, wo wir schreiben, fortfährt, diese Tugenden zu erzeugen, diese Meisterwerke zu schaffen, die Wissenschaften zu fördern, und den Völkern, welche von ihr befallen sind, eine unbestrittene geistige Ueberlegenheit zu verleihen.

Um diesen thatsächlichen Zustand der Welt zu erklären, sagen wir: Jesus Christus ist auferstanden; Er ist Gott. Renan aber sagt: Jesus Christus ist nicht auferstanden, der Glaube an die Auferstehung ist die Folge des Betruges eines Weibes; Jesus Christus ist nicht Gott; aber Er ist ein liebenswürdiger Gelehrter, der von seinen Jüngern geliebt, durch ihre eigene Begeisterung für ihn zu den Wolken erhoben, und ein Betrüger, wie sie, schließlich sich selber für Gott gehalten hat, weil man allgemein glaubte, Er sei es.

Auf welcher Seite steht nun die Vernunft? wo die Aufrichtigkeit? wo die wahre Wissenschaft?

Genug! Es erübrigt uns eine zweite Thatsache, richtig und fest begründet, wie die erste, und die Renan auf gleiche Weise und dem gleichen Erfolg zu erklären sucht, wie die erste.

Er selber sagt: die Apostel seien „kleinliche, beschränkte Geister, unwissend und unerfahren sonder Gleichen gewesen". *) Diese kleinlichen, beschränkten, unwissenden und unerfahrenen Männer haben der Welt ihren Glauben eingeprägt, haben die heidnische Welt bekehrt, haben sogar die Weltweisen und Kaiser bekehrt. Um diese, über das Natürliche hinausreichende Thatsache zu erklären, müssen wir auch fernerhin ihrem Zeugnisse glauben, und sagen: daß ihre Natur durch ein Wunder umgewandelt worden, nämlich durch die wunderbare Ausgießung des Geistes Gottes.

Statt dessen redet Renan von einem Sturm, einem Erd-

---

*) pag. 57.

beben, einem Blitzstrahl, der den Saal, wo sie versammelt waren,
durchzückt; Dank diesem Sturm, diesem Erdbeben, diesem Blitz=
strahl: sie sind urplötzlich andere Menschen geworden, haben
unerschrocken die erhabensten Lehren gepredigt, gegen alle Vor=
urtheile und Leidenschaften einen Kampf gekämpft, in welchem
sie Sieger blieben über die Vorurtheile und Leidenschaften blutiger
Verfolgungen und hinterlistiger Trugschlüßler. Wahrlich, das
ist ein in der Geschichte einzig dastehender Blitzstrahl!

Renan glaubt an den Blitzstrahl und seine Wirkungen;
dieser Blitzstrahl erklärt Alles; er ist der Deus ex machina,
er der zerhauene Knoten der achtzehnhundertjährigen Geschichte.

O, was wollte ich nicht darum geben, wenn ich jetzt den
Mann, der im Besitz des Pulvers ist, sehen könnte, wie er,
wenn auch nur im Kleinen, diese wunderbare Erscheinung in
einer physikalischen Werkstätte wiederholt!

Sehen Sie, berühmter Gelehrter: Wir geben Ihnen zwölf
„kleinliche beschränkte, unwissende und unerfahrene Menschen“;
Sie unterrichten selbe drei Jahre lang, Sie entzücken sie; und
sobald sie in Ihnen nichts mehr anders als einen ausgesuchten
Meister sehen, dann verlassen Sie selbe plötzlich mit dem Ver=
sprechen, ihnen Ihren Geist zu senden. Sie erwarten ihn zehn
Tage lang. Jetzt die elektrische Entladung! und Gotteswunder!
sie sind umgewandelt, zerstreuen sich in alle Welt, predigen ihre
Lehre, ändern alle bisherigen Meinungen und sterben für ihren
Glauben. Die Welt glaubt ihnen, verfolgt sie, die Blutzeugen
mehren sich, und die Renan’sche Religion ist begründet für
alle Zeiten. Wahrlich das sind Aussichten, die auch den Haber
eines Gelehrten stechen könnten. Doch es kommt noch schöner.
Wir wollen die weiteren Erklärungen des Institutsmitglieds
vernehmen!

„Unter allen Ausgießungen des Geistes, die häufig stattge=
funden zu haben scheinen, ist besonders eine in der jugendlichen
Kirche von großer Nachwirkung gewesen. Eines Tages, da die
Brüder versammelt waren, **erhob sich ein Sturm.** Ein gewal=
tiger Wind riß die Fenster auf; der Himmel stund in Feuer.
Die Stürme sind in diesem Lande von einem wunderbaren
Wetterleuchten begleitet; die Luft ist von allen Seiten wie von
Flammenbündeln durchzogen. Sei es, daß der elektrische Strom
den Saal selber durchströmt, sei es, daß ein blendender Blitz=

strahl plötzlich das Antlitz aller erleuchtete, genug! man war überzeugt, daß der Geist herabgekommen und sich über dem Haupte eines Jeden in Gestalt feuriger Zungen niedergelassen habe." *)

Zu welchem Unsinn sich doch der Gelehrte versteigen kann!

In unsern Tagen würden auch die kleinlichsten, beschränktesten, unwissendsten und unerfahrensten Menschen nie einen Sturm mit einer Ausgießung des hl. Geistes verwechseln, das konnten nur die bornirten Apostel!

Das ist richtig, gleich nach diesem Sturme fühlen sich diese Männer, die am Vorabend noch zagten und zitterten, von übermenschlichem Muthe beseelt; sie reden und dreitausend Menschen bekehren sich und bis zum Ende ihres Lebens zweifeln sie auch keinen Augenblick. Doch man wundere sich darüber nicht allzusehr: denn die Wirkungen der Elektrizität sind zu außerordentlich, und die Stürme in Palästina von einem zu wunderbarlichen Wetterleuchten begleitet.

Fürwahr! diese ungläubigen Gelehrten würgen Alles mit einer unglaublichen Gier hinunter; kein Unsinn verursacht ihnen Magenbeschwerden: man darf es hier wohl sagen: diese Schüler des Strauß besitzen Straußenmagen.

Ist's nöthig, die Erzählung Renans zu widerlegen? Nein, das hieße Wasser in's Meer tragen. Er hat keine Quelle, auf die er sich stützen könnte; seine Erklärung läßt alle Thatsachen des Pfingstwunders unerklärt und er käme füglich in Verlegenheit, wenn er uns den Nachweis für seinen Sturm liefern müßte. Es genügt, den Gelehrten citirt zu haben, und man braucht nur seine Anführung zu lesen, um die Armseligkeit seiner historischen Entdeckungen der verdienten Verurtheilung preiszugeben.

Ich übergehe das fünfte Kapitel seines Buches, worin der gelehrte Apostat, der für das Dasein des Satan in die Schranken tritt und die Exkommunizirten zu verherrlichen sucht, noch einmal auf die Rechtfertigung des Judas zurückkommt, nämlich bei Anlaß der Wahl eines neuen Apostels. **)

Ich übergehe ebenso den neuen Anlauf, den er zur Erklärung der Auferstehung macht, der aber nur eine Wiederholung

---

*) pag. 62.   **) pag. 83.

des erften ift.*) Ich begnüge mich im Vorbeigehen hinzuweifen auf die Erklärungsweise der wunderbaren Heilungen, welche die Apoftel mittelft der Händeauflegung wirkten. Da fagt er: „Es ift nicht unmöglich, daß in gewiffen Fällen die Hitze der Hände fich dem Kopfe lebhaft mittheilt, (warum gerade lebhaft?) dem Kranken Erleichterung verfchafft."

Ich überfchlage das fechste Kapitel, das fich mit der Be= kehrung der unter den Heiden wohnenden Juden und den Pro= felyten befaßt; ebenfo das fiebente Kapitel, wo der Verfaffer die erfte Kirche als eine Armengefellfchaft betrachtet und nach feiner Weife die Aemter des Diakonats, der Diakoniffinnen und Wittwen behandelt und beeile mich, die Bekehrung des hl. Paulus zu betrachten, mit welcher fich Renan auf eine ebenfo abfonder= liche und nicht weniger merkwürdige Art befchäftigt, als mit der Auferftehung und der Herabkunft des hl. Geiftes.

Die Auferftehung ift ja die Wirkung einer Sinnestäufchung,
Die Herabkunft des hl. Geiftes die eines Gewitterfturmes,
Die Bekehrung des hl. Paulus, die eines Sonnenftichs.
Das heißt doch die Sache ins Afchgraue treiben!

IV.

Der Sonnenftich von Damaskus.

Man muß wohl beachten, daß nach der Lehre Renan's der heil. Paulus der zweite Gründer des Chriftenthums ift. Ohne Jefus würde der heil. Paulus nichts vollbracht haben, aber ohne Paulus befäße das Werk Jefu keine innere Einrich= tung und wäre nie geworden, was es geworden ift, es hätte aufgehört mit dem Tode feiner Jünger. Jefus bleibt wohl der Meifter, aber der heil. Paulus ift der unentbehrliche Jünger, der vorgibt, nur von Jefus, und zwar unmittelbar, Eingebun= gen zu erhalten und deffen Geift auf die andern Apoftel und auch auf Petrus übergieng, während fie ihn gern auf Seite gefetzt hätten.

*) pag. 91.

So umhüllte die alte Schule den ruhmwürdigen Beruf des heil. Paulus, des Apostels der Heiden, eines der zwei großen Leuchter der heranwachsenden Kirche, der aber dem Petrus immerhin untergeordnet war, weil Jesus Christus diesen zum Oberhaupt der Kirche und zum Eckstein seines Gebäudes gemacht hatte.

Nach dieser Auseinandersetzung dürfen wir dem Geschichtsschreiber der Apostel getrost folgen.

Er enthüllt seine Sache allmählig.

Nachdem er uns die Nachrichten über die ersten Lebensjahre Sauls, seine Jugendbildung und seinen Charakter mitgetheilt, wie sie sich überall finden, jedoch ein wenig zugeschnitten nach den Bedürfnissen seiner Absicht, läßt er uns dem Martyrtod des heil. Stephanus beiwohnen, der nach ihm anfieng, im Geiste Sauls, des Mitschuldigen am Martyrtode, Zweifel wachzurufen. „Saulus," sagt er, „bildete sich ein, daß kein Mensch seiner Zeit so viel Eifer für die Ueberlieferungen besitze, wie er; freilich setzte ihn manchmal die Sanftmuth und Todesverachtung seiner Schlachtopfer in Staunen; er fühlte Gewissensbisse, und mitten in seinen Hoffnungen auf das Reich Gottes war es ihm doch oft, als hörte er diese frommen, von ihm ins Gefängniß geworfenen Frauen ihm während der Nacht mit sanfter Stimme zuflüstern: Warum verfolgst du uns? Das Blut des Stephanus, das ihn fast übergoß, trübte bisweilen seinen hellen Blick. Viele Dinge, die er von Jesu sagen hörte, giengen ihm zu Herzen. Dieses übermenschliche Wesen, in seinem engelreinen Leben, in das er sich, um kurze Erscheinungen in sich zu erwecken, manchmal hineindachte, umgaukelte ihn wie ein Gespenst." *)

Der Leser ist nun vorbereitet. Renan überläßt ihn diesem Eindruck und unterhält ihn nebenbei (Kap. 9) mit den ersten Missionären, dem Diakon Philippus, dem Magier Simon, „gegen den er kein Verdammungsurtheil vorbringen hört"; **) dann kehrt er wieder auf Saulus zurück (Kap. 10).

Lebensbild Sauls nach Renan's Manier:

„Sein Umgang war, wenn es ihm darum zu thun war, äußerst angenehm; sein Benehmen ausgesucht. Abgesehen von der fehlerhaften Schreibart, zeigen uns seine Briefe einen Mann

---

*) pag. 149.   **) pag. 155.

von großem Geist, der für seine erhabenen Gefühle die passen=
den Ausdrücke mit seltenem Geschicke findet. Nie hat ein Brief=
wechsel eine ausgesuchtere Höflichkeit, feinere Schattirungen, Rück=
sichten und liebenswürdigere Bedenklichkeiten enthüllt. Ein oder
zweimal zwingen uns seine Scherze zum Lächeln. (Der Zart=
fühlende!) Aber welche Begeisterung! welcher Reichthum der ent=
zückendsten Ausdrücke! Welche Natürlichkeit! Man fühlt, daß
sein Charakter in Augenblicken, wo die Leidenschaften ihn nicht
reizbar oder ungestüm machten, der eines gebildeten, einnehmen=
den, liebereichen, ja bisweilen sehr empfänglichen, ein wenig
eifersüchtiger Mannes gewesen sein muß. Niedrig gestellt vor
der großen Welt haben solche Menschen im Kreise der kleinen
Kirchen unermeßliche Vortheile durch die Neigungen, die sie ein=
pflanzen, durch ihr praktisches Geschick und ihre Gewandtheit,
über die größten Schwierigkeiten hinwegzugleiten." *)

Möchte man nicht sagen: es handle sich hier nur um einen
Schriftsteller, einen Weltmenschen, dessen schriftstellerische Eigen=
schaften man abschätzt, und um einen Geschäftsmann, der sich
überall ein wenig umgethan und durch seine Dienstbeflissenheit
und Geschicklichkeit unentbehrlich gemacht hat?

Das ist Alles, was Renan an diesem Manne entdeckt, der
doch ein außerordentlicher Mensch, selbst wenn er nicht ein großer
Apostel wäre; in diesem Manne, dessen Geist den Geist Bossuets
stutzen machte; in diesem Manne, den der heil. Hieronymus
„die Posaune des Evangeliums" nannte, und in dessen Briefen
er „das Brüllen des Löwen, den Schrecken der Völker" ver=
nahm, und zu gleicher Zeit „den Strom christlicher Beredsam=
keit" fließen sah.

Aber Trugschlüßler sind nie im Stande, die wahre Größe
zu erfassen; sie sehen nur das Kleinliche.

Sie haben keinen Sinn für das Schöne, sondern höchstens
für das Hübsche und Niedliche.

Sie vermögen nicht den Glanz der Lichtfarben auszuhalten,
sondern betrachten nur die Schattirungen.

Der heil. Paulus mit Ernst Renan verglichen, ist: wie der
Riese vor dem Zwerge!

Renan fährt dann fort:

*) pag. 169.

„Die Gesichtsbildung Paulus' war unschön und entsprach, wie es scheint, nicht der Größe seiner Seele. Er war häßlich, von untersetztem Wuchs, großbäuchig und eingekrümmt. Zwischen seinen starken Schultern stak seltsamer Weise ein kleiner Kahlkopf. Sein blasses Gesicht war von einem dichten Barte eingerahmt, die Nase gebogen, sein Blick stechend, und schwarze Augenbrauen einigten sich auf seiner Stirne. Seine Stimme besaß nichts, was Ehrfurcht einflößte. Eine gewisse Schüchternheit, Verlegenheit und linkisches Wesen gaben zum vornherein einen schwachen Begriff von seiner Beredsamkeit. Als Mann von Takt verheimlichte er seine äußeren Mängel nicht, sondern zog Vortheil daraus.

Es ist der jüdischen Rasse eigen, entweder die größte Schönheit, oder die vollendetste Häßlichkeit zur Schau zu tragen; aber die jüdische Häßlichkeit hat etwas durchaus Eigenthümliches. Diese fremdartigen Gesichtsausdrücke, die anfangs Lachen erregen, nehmen, wenn sie in Begeisterung gerathen, eine Art tiefen Ernstes und Hoheit an." *)

Herr Renan besitzt Geschick zu Zerr= und Fratzenbildern; uns liegt freilich wenig daran, wie der heil. Paulus in seinem Aeußern ausgesehen haben mag; denn infirma mundi elegit Deus, Gott hat das Schwache in dieser Welt auserwählt, um seine Macht zu offenbaren, und gerade darin zeigt sich die Göttlichkeit des apostolischen Berufes.

Doch wir wollen den Pinselstrichen des Schattenmalers weiter folgen.

„Das Temperament Pauls war nicht minder eigenthümlich als sein Aeußeres. Sein Körperbau war offenbar sehr ausbauernd; denn er führte ein Leben voll Anstrengungen und Leiden; aber er kränkelte. Er macht unablässig Anspielungen auf seine körperliche Schwäche und stellt einen Menschen dar, der äußerst schwächlich, kränkelnd, schwindsüchtig und überdies schüchtern, unsicher und ungekünstelt ist, kurz der all' dessen entbehrt, was Einfluß verschafft, so daß es einem wirklich zum Verdienste gereicht, wenn man an seinem erbärmlichen Aeußern keinen Anstoß nimmt." **)

Das ist nun das Bild, das Renan entwirft, um seine

---

*) pag. 170.　　**) pag. 171.

Leser durch nichts zur Bewunderung hinzureißen. Alle Gegen=
sätze sind in diesem heil. Paulus vorhanden; da bekommt er
plötzlich den Sonnenstich, und siehe! all' diese Gegensätze ver=
schwinden — Alles klärt sich auf.

Vernehmen wir nun den heil. Lukas, um zu erkennen: wie
Renan die einfachsten, klarsten und schönsten Schriftstellen aus=
zubeuten versteht:

„Als Paulus seinen Weg verfolgte, geschah es, daß er
Damaskus nahe kam und ihn plötzlich ein Licht vom Himmel
umleuchtete.

„Und er fiel auf die Erde und hörte eine Stimme, die
zu ihm sprach: Saulus, Saulus, warum verfolgst du mich?

„Er sprach: Wer bist du, Herr? und dieser (antwortete):
Ich bin Jesus, den du verfolgst; hart wird es dir, wider den
Stachel auszuschlagen.

„Da sprach er mit Zittern und Staunen: Herr, was willst
du, daß ich thun soll?

„Und der Herr sprach zu ihm: Steh' auf und geh' in die
Stadt; da wird dir gesagt werden, was du thun sollst.

„Aber die Männer, welche mit ihm reisten, standen betäubt,
hörten zwar die Stimme, sahen aber Niemand.

„Saulus stund nun auf von der Erde; als er aber seine
Augen öffnete, sah er nichts. Da nahmen sie ihn bei der Hand
und führten ihn nach Damaskus.

„Und er war daselbst drei Tage ohne zu sehen: und er
aß nicht und trank nicht.

„Es war aber zu Damaskus ein gewisser Jünger mit Na=
men Ananias. Zu diesem sprach der Herr in einem Gesichte:
Ananias! Er aber sprach: Siehe hier bin ich, Herr!

„Und der Herr sprach zu ihm: Steh' auf und geh' in die
Straße, welche die gerade heißt, und frag' im Hause des Ju=
das nach Einem mit Namen Saulus aus Tarsus; denn siehe,
er betet.

(Und [Saulus] sah einen Mann mit Namen Ananias
hineingehen und sich die Hände auflegen, damit er wieder sehend
würde.)

„Ananias aber antwortete: Herr, ich habe von Vielen ge=
hört über diesen Mann, wie viel Böses er deinen Heiligen zu
Jerusalem gethan hat.

44

„Und auch hier hat er Macht von den He
die deinen Namen anrufen, zu fesseln.

„Der Herr aber sprach zu ihm: Geh' hi
mir ein auserwähltes Werkzeug, meinen Namer
Könige und Kinder Israels zu bringen.

„Denn ich will ihm zeigen, wie viel er
mens willen leiden muß.

„Da gieng Ananias hin und kam in das
die Hände auf und sprach: Bruder Saulus,
der dir auf dem Wege, worauf du kamest,
mich zu dir gesandt, damit du sehend werdest
Geistes.

„Und sogleich fiel es von seinen Auge
und er ward wieder sehend, stand auf und w

„Nun nahm er Speise und kam zu K
sich aber bei den Jüngern, die zu Damast
Tage auf.

„Und sogleich predigte er in den Synag
er der Sohn Gottes sei."*)

Das ist die Erzählung des heil. Lukas,
seit Renan nicht zu bestreiten wagt, dem er at
vorgefaßte Meinungen unterschiebt; daß er nä
zu sehen glaube, wo keine seien. St. Lukas le
mit dem heil. Paulus zusammen; er konnte so
wissen. Er spricht in schlichter Weise, ohne Uel
ist darum auch von keiner vorgefaßten Meinung
Erzählung hat unter den übrigen Jüngern ni
Widerspruch erfahren, während sie doch die W
wissen konnten, wie er. Diese Erzählung is
mögliche und vernünftige Erklärung der plötzlic
heil. Paulus und der Stellung, die er alsbo
menden Kirche einnahm. Alles stimmt da übe
nunft ist nicht minder befriedigt, als das
Schöne, das aus der ganzen wunderbaren C
strahlt.

Welch' vernünftige Gegengründe vermag

---

*) Apostelgesch. 9, 3—20.

wider vorzubringen, um uns zu bestimmen: die Erzählung des
heil. Lukas zu verwerfen?

Vor Allem: daß St. Lukas an verschiedenen Stellen, wo
er von der Bekehrung des heil. Paulus redet, weder mit sich
selbst, noch mit Paulus, wenn er diese in seinen Briefen er=
wähnt, übereinstimme. *) Er bezeichnet uns als solch' wider=
sprechende Stellen: Apostelgesch. 9, 1 ff.; 9, 27; 22, 5 ff.; 26,
12 ff. Gal. 1, 15—17; 1. Cor. 9, 1.

Ich will die erste Stelle den Lesern vor Augen legen.

Vers 27 des Kapitel 9 der Apostelgeschichte lautet: „Ba=
rabas nahm ihn mit sich, führte ihn zu den Aposteln (in Jeru=
salem) und erzählte ihnen, wie Paulus auf dem Wege den
Herrn gesehen, daß derselbe mit ihm geredet, und wie er in
Damaskus zuversichtlich im Namen Jesu gehandelt habe.“

Wo ist da ein Widerspruch?

Im Kapitel 22 der Apostelgeschichte Vers 5 ff. erzählt der
heil. Paulus selber seine Bekehrung also:

„Ich zog nach Damaskus, um von da Gefesselte nach Je=
rusalem zu bringen, damit sie gestraft würden.

„Es geschah aber, da ich hinzog und Damaskus nahe war,
zur Mittagsstunde, daß mich plötzlich vom Himmel her ein großes
Licht umstrahlte. „Ich fiel zu Boden und hörte eine Stimme,
die zu mir sprach: Saulus, Saulus, warum verfolgst du
mich?

„Ich aber antwortete: Wer bist du, Herr? Und er sprach
zu mir: Ich bin Jesus von Nazareth, den du verfolgst.

„Die aber bei mir waren, sahen zwar das Licht, aber die
Stimme dessen, der mit mir sprach, hörten sie nicht.“

Da ist nun der große Widerspruch. Im Kapitel 9 sagt
der heil. Lukas, daß die Begleiter des heil. Paulus eine Stimme
hörten; im Kapitel 22: daß sie die Stimme dessen, der mit
Paulus sprach, nicht hörten.

Auf den ersten Blick hat es wirklich den Anschein eines
Widerspruchs und Bauer, den hier Renan einfach abgeschrieben
hat, wie noch an vielen anderen Stellen; — (denn Selbststän=
diges findet sich in ihm im Allgemeinen nichts, er wiederholt
nur längst gemachte Einwürfe und hütet sich wohl, deren Wider=

*) pag. 180.

legungen anzuführen, wie seiner Zeit Voltaire gegen Kalmet gethan hat) — also der deutsche Professor Bauer hat auf diesen Widerspruch als den vorzüglichsten zuerst aufmerksam gemacht.

Die Leser mögen gütigst verzeihen, wenn ich zur Erklärung einige griechische Worte anführen muß.

Im Kapitel 9 stehen die Worte: ἀκούοντες τῆς φωνῆς, sie hörten zwar die Stimme, das Getön; im Kapitel 22 aber heißt es: τὴν φωνὴν οὐκ ἤκουσαν τοῦ λαλοῦντός μοι; die Stimme dessen, der mit mir sprach, hörten sie nicht, d. h. genau „die Worte" dessen, der mit mir redete. Das ist der Sinn des Griechischen und aus diesem geht hervor, daß was Paulus selber über seine Bekehrung erzählt, der Erzählung des hl. Lukas nicht bloß nicht widerspricht, sondern sie ergänzt. Die Begleiter des hl. Paulus hörten wohl die Stimme, das Getön, aber sie hörten d. h. sie verstanden nicht die Worte.

Es ist freilich schon lange, seitdem man Bauer diese Widerlegung gemacht hat. Renan kannte sie ohne Zweifel, übergeht sie aber wohlweislich.

Betrachten wir noch die übrigen Stellen, wo er Widersprüche entdeckt zu haben vorgibt.

Im Kapitel 26 der Apostelgeschichte erzählt der hl. Paulus seine Bekehrung dem Könige Agrippa folgendermaßen:

„Als ich auf dem Wege (nach Damaskus) war, sah ich mitten am Tage auf dem Wege ein Licht vom Himmel, heller als der Sonne Glanz, mich umleuchten, und die, so mit mir waren.

„Und nachdem wir alle zu Boden gefallen waren, hörte ich eine Stimme in hebräischer Sprache zu mir sagen: Saulus, Saulus, warum verfolgst du mich? Schwer ist es dir, wider den Stachel auszuschlagen.

Wo ist nun da der Widerspruch? Erklärt hier Paulus nicht selber wie seine Begleiter die Stimme wohl hören konnten, ohne die Worte zu verstehen, wenn er sagt: daß die Stimme hebräisch redete, d. h. in jener Sprache, welche dazumal nicht mehr allen Juden verständlich war?

Ebenso verhält es sich mit den Versen im Galaterbrief, auf welche sich Renan beruft:

„Als es aber Gott wohlgefiel, der mich von meiner Mutter Leibe herausgesondert, und durch seine Gnade berufen hat,

„seinen Sohn in mir zu offenbaren, daß ich ihn unter den Heiden verkündete: hab ich mich keinen Augenblick an Fleisch und Blut gewandt;

„noch kam ich nach Jerusalem zu denen, die vor mir Apostel waren, sondern ich reiste nach Arabien, und kehrte wieder zurück nach Damaskus.“

Wo ist da ein Widerspruch? Ich wenigstens kann keinen entdecken.

Gehen wir zum ersten Korintherbrief K. 9, V. 1 über!

Da sagt der hl. Paulus: „Bin ich nicht frei? Bin ich nicht ein Apostel? Habe ich nicht Jesum Christum unsern Herrn gesehen? Seid ihr nicht mein Werk im Herrn?“

Da haben wir nun Alles! Wer aber die Menge der von Renan angestrichenen Widerspruchsstellen sah, mußte der nicht glauben: es wimmle von Widersprüchen?

Das ist das Verfahren der sogenannten kritischen Schule. Ich glaubte gut daran zu thun, einige Proben davon zu liefern, und das ist der Grund, warum ich mich in Einzelheiten einließ. Nun ist's aber an der Zeit, die Erzählung der Bekehrung des hl. Paulus zu lesen, wie Renan sie gibt. Er schreibt:

„Als Paulus Jerusalem verlassen, schlug er ohne Zweifel die gewöhnliche Straße ein und setzte bei der „Brücke der Töchter Jakobs“ über den Jordan. Die Ueberspanntheit seines Gehirns hatte ihren Höhepunkt erreicht, ja zeitweise war er verwirrt und außer sich.“*)

Von Beweisen, von Zeugnissen dafür keine Spur. Der Gelehrte des Institus sagt's ja, und wer dürfte dann noch Beweise verlangen?

„Die Leidenschaft ist keine Glaubensregel. Der leidenschaftliche Mensch geht von einer Ueberzeugung zum geraden Gegentheil über; sich selbst überlassen, wird er zum Schwärmer. Wie alle starken Seelen war Paulus auf dem Sprunge: das zu lieben, was er bisher gehaßt.“

Da haben wir die Aehnlichkeit der Gegensätze.

„Oft machen solch glühende Seelen schreckliche Sprünge. War es bei ihm wohl Ueberzeugung, daß er das Werk Gottes nicht hindern könne? .... Er unterlag dem Liebeszauber der=

---

*) pag. 175.

jenigen, welche er verfolgte. Je mehr man solch aufrichtige
Sektirer kennen lernt, desto mehr liebt man sie."*)

Man will uns damit vorbereiten, die Bekehrung des hl.
Paulus ganz naturgemäß zu finden. Hören wir nur weiter!

„Nachdem Paulus Ituräa durchzogen hatte, gelangte er
auf die große Ebene von Damaskus. Er näherte sich der Stadt
und hatte wahrscheinlich schon die Gärten in ihrer Umgebung
erreicht; es war Mittagszeit. Paulus hatte mehrere Begleiter
bei sich und reiste, wie es scheint, zu Fuß."

Nun folgt eine sehr gelehrte Abhandlung zum Nachweis:
Daß der Ort des Ereignisses, das er entstellen will, nicht bei
Kaukab, vier Stunden von Damaskus, gelegen sei, was einfach
eine offene Thüre einsprengen heißt, da so was kein Mensch
behauptet; sondern er müsse gegen „Dareya, anderthalb Stunden
von Damaskus", oder „zwischen Dareya und das äußerste Ende
von Meidan" verlegt werden. Das ist aber durchaus irrig, es
folgt gar nicht aus dem Text der Apostelgeschichte, wie der
Gelehrte vorgeben möchte. Die Apostelgeschichte sagt nur:
daß Paulus sich Damaskus näherte. Muß man deßwegen
voraussetzen, er habe noch anderthalb Stunden Wegs zurückzu-
legen? Aber der Gelehrte wollte in Wissenschaft machen, und
obwohl der behandelte Nebenumstand ohne alle und jede Bedeutung für die vorgesetzte Aufgabe ist, fühlte er doch das Bedürfniß: das zu bekämpfen, was die Christen bisher geglaubt.
Hätte Renan wirklich die christliche Ueberlieferung, die achtzehnhundertjährige, von einem Geschlecht zum andern fortgepflanzte
Ueberlieferung in Betreff der Ortslage zu Rathe gezogen, er
würde erfahren haben: daß der Ort des denkwürdigen Ereignisses eine halbe Meile von Damaskus, auf der Seite des Paul-
thors, oder des Orientalischen Thores, unweit des Gottesackers
der Christen gelegen ist. Daselbst zeigt ein massiger Mauer-
überrest die Spuren einer Kapelle, die ehemals zum Andenken
an die Bekehrung des hl. Apostels erbaut worden.

- „Dieser Ort," schreibt Herr Poujoulat, der uns diese
Einzelheiten geliefert, „ist der Theil eines umfangreichen, ebenen,
unbebauten, baumlosen Landstrichs. Daselbst pflegt die Kara-

---

*) pag. 176.

wanne von Mekka sich alljährlich zu sammeln, ehe sie sich unter der Anführung des Pascha von Damaskus in Bewegung setzt."*) Renan ist viel dichterischer, indem er schreibt:

„Man stelle sich eine schattenreiche Straße vor, die mit einer dichten Schichte Düngerde beginnt, unaufhörlich durch Bewässerungskanäle übergossen wird, von Böschungen umrandet ist, und durch Oliven=, Nuß=, Aprikosen= und Pflaumenbäume, welche unter sich von Weinreben kranzförmig verschlungen sind, sich hindurchwindet, und man hat ein Bild von der Stelle, wo das seltsame Ereigniß stattfand, das einen so großen Einfluß auf den Glauben der Welt ausgeübt hat."**)

Es ist nur Schade, daß das seltsame Ereigniß an einer mehr als eine Stunde von dieser reizenden Gegend entfernten Stelle stattfand. Aber gehen wir weiter! Wir werden noch schönere Gegenden antreffen.

„Wenn Paulus hier schreckliche Gesichter sah, so kommt das daher, weil er sie in seinem Geiste trug. Jeder Schritt, mit dem er sich Damaskus näherte, bereitete ihm schmerzliche Verlegenheiten. Die gehässige Rolle eines Häschers, die er spielen sollte, ward ihm unerträglich. Die Häuser, die vor seinen Blicken auftauchen, sind vielleicht die seiner Schlachtopfer. Dieser Gedanke bemächtigte sich seiner, verzögerte seine Schritte; er wollte nicht mehr vorwärts; er bildete sich ein, einem Stachel zu widerstehen, der ihn drängte. Zu dieser Befangenheit gesellten sich die Mühsale der Reise, und das drückte ihn zu Boden."

„Er hatte, wie es scheint, entzündete Augen, vielleicht **einen Anfang von Ophthalmie.**"***)

. . . .

Diese Stelle ist über alle Bewunderung erhaben.

Paulus hatte entzündete Augen, wie es scheint; er hatte vielleicht einen Anfang von Ophthalmie.

Jetzt sag mir Keiner mehr, er könne dem Gelehrten nicht glauben, der doch selber vom Leidenszustand seines Schützlings befallen ist. Dieser Anfang von Augenübel muß sicherlich ein

---

allgemeines Gelächter hervorrufen; man wird noch lachen in
spätesten Zeiten, und zwar mit endlosem, homerischem Gelächter.

Wer sich so hoch zu erschwingen vermag braucht für's
Herabfallen nicht zu sorgen. Renan übertrifft sich in der That
selber im Lächerlichen; er aber bleibt ernst, während Alles um
ihn her hellauf lacht, und fährt dann in ungestörter Seelenruhe
fort: „Bei solch' langen Reisen sind die letzten Stunden die
gefährlichsten."

Was der Mann tiefsinnig ist!

„Alle ermüdenden Umstände der verflossenen Tage drängen
sich in diese eine zusammen;" d. h. man ist um so müder, je
weiter man gereist ist.

Sicherlich hat sich bei dieser Stelle Till Eulenspiegel im
Grabe umgedreht; denn er hat jetzt einen würdigen Nachfolger
gefunden.

„Die Nervenkräfte werden schlaff." (Nicht die Nerven,
nein, die Nervenkräfte.) Ein Gegendruck bereitet sich vor. Viel=
leicht (o beneidenswerthes vielleicht!) vielleicht bewirkten auch
die rasche Reise ·über die von den Sonnenstrahlen ausgesengte
Ebene und das plötzliche Eintreten in den kühlen Schatten der
Haine einen Anfall in dem kränkelnden und schwer erschütterten
Körperbau des schwärmerischen Reisenden. Gefährliche Fieber,
begleitet von Gehirnerhitzung treten in diesen Gegenden geradezu
plötzlich auf. In wenigen Minuten ist man wie vom Blitze
betäubt. Ist der Anfall vorüber, so bleibt einem der Ein=
druck einer von lebhaften Träumen erhellten, schweren Nacht,
wo man auf einem schwarzen Hintergrund verschiedene Bilder
hat hinzeichnen sehen."

Nicht wahr? das heißt köstlich aufgetragen.

Doch unten am Ende der Seite steht noch eine kurze An=
merkung, die goldeswerth ist und das Gemälde vervollständigt.
Renan sagt daselbst:

„Ich selber habe einen derartigen Anfall zu Byblos er=
fahren; mit andern Grundsätzen hätte ich sicherlich Blendwerk
für wahre Gesichter gehalten." *)

Es geht halt nichts über Grundsätze! Nein wegen seinen
Grundsätzen bekam der heil. Paulus plötzlich ein gefährliches

---

*) pag. 180.

Fieber; glaubte Jesum zu sehen und mit ihm zu reden; be=
kehrte sich, wurde der Apostel der Heiden, bekehrte Millionen
von Menschen, und schrieb Briefe, welche ebenso schlicht als er=
haben sind, und seit achtzehn Jahrhunderten die Bewunderung
der größten Geister erwecken. — Rein wegen seinen Grundsätzen
ist Renan nichts anderes geblieben als der Eindruck einer von
lebhaften Träumen erhellten schweren Nacht, wo er Bilder auf
einen schwarzen Hintergrund hat hinzeichnen sehen; und er gibt
Bücher heraus, die, man beachte es wohl, bestimmt sind, sofern
sie ihn überleben, auf seine Kosten Lachen zu erregen von Ge=
schlecht zu Geschlecht.

Ich meinerseits ziehe die Grundsätze des heil. Paulus vor.

Aber der von Renan leibhaftig erfahrene Anfall zu
Byblos erklärt uns sehr Vieles. Er fährt nämlich in seiner
Weisheit fort:

„Auf Grund der Erzählungen, welche wir in Betreff dieses
sonderbaren Ereignisses besitzen, ist es unmöglich zu sagen,
ob irgend eine äußere Thatsache die Entscheidung herbeiführte,
welche dem Christenthum seinen eifrigsten Apostel gewann. In
solchen Fällen ist die äußere Thatsache von geringem Belang.
Der Seelenzustand des heil. Paulus und die Gewissensbisse
beim Herannahen der Stadt, worin er seine Unthaten auf die
Spitze treiben sollte, das waren die eigentlichen Beweggründe
seiner Bekehrung. Ich meinerseits ziehe diese unbegründete
Annahme einer dem Paulus persönlich geltenden und von ihm
allein erfahrenen Thatsache weit vor. Es ist indeß nicht
unwahrscheinlich, daß ein plötzlicher Sturm losbrach. Die
Abhänge des Hermon sind die Punkte, wo die Gewitter mit
einer ungewöhnlichen Heftigkeit sich bilden. Auch die kältesten
Seelen können diese furchtbaren Feuergüsse nicht ohne innere
Aufregung bestehen. Paulus befand sich unter dem Drucke der
lebhaftesten Aufregung. Es war natürlich, daß er dem
Sturmgeheul zuschrieb, was er in seinem eigenen Innern ver=
nahm." *)

Wer findet nicht, daß Renan etwas zu sehr die Gewitter=
stürme mißbraucht? Zuerst den Pfingststurm, und jetzt wieder
des heil. Paulus Bekehrungssturm, vom Sonnenstich begleitet.

---

*) pag. 181.

Die Lufthiebe des Trugschlüßlers sind fürwahr äußerst seltsam.

Alles hat seinen Grund im Seelenzustand des heiligen Paulus; wenn's indessen nicht unwahrscheinlich ist, so ist's natürlich; und wie wir in einer Anmerkung lesen „hatte Paulus sicherlich in einem bestimmten Augenblick ein Gesicht, das seine Bekehrung bewirkte." Das ist denn doch ein unerquickliches Kunterbunt von: es scheint, es hat den Anschein, ohne Zweifel, es ist unmöglich, es ist nicht unwahrscheinlich, es ist natürlich, sicherlich u. s. f. u. s. f. All das schillert vor unsern Augen und nebenher spazieren noch Augenübel, Blitzschläge, Sonnenstiche, gefährliche Fieber, unbegründete Annahmen und Behauptungen, was einem Schwindel erregen müßte, wenn's nicht zum Todtlachen angethan wäre.

Doch wir sind noch nicht fertig.

„Daß ein fieberhafter Wahnsinn, durch einen Sonnenstich oder eine Ophthalmie herbeigeführt (er ist versessen auf seine Ophthalmie), sich seiner bemächtigte, daß ein Wetterleuchten eine langandauernde Blendung bewirkte, daß ein Blitzschlag ihn umwarf, eine Gehirnerschütterung hervorbrachte, die ihn eine Zeit lang des Gesichtssinnes beraubte, **daran liegt wenig.** Die Erinnerungen des Apostels scheinen bezüglich dessen mehr als verwirrt gewesen zu sein; er redete es sich ein: die That sei eine übernatürliche gewesen und eine solche Meinung gestattete **ihm** kein klares Bewußtsein über die materiellen Verumständungen. Solche Gehirnerschütterungen bringen bisweilen eine Art Rückwirkung hervor und trüben vollständig die Erinnerungen über die der entscheidenden That vorangegangenen Zeitpunkte." *)

Was sagen Sie zu diesem: daran liegt wenig, welches mit einem Mal das ganze Baugerüste des Erzählers über den Haufen wirft? Erinnert das nicht an jenes berühmte Wort: „Gesetzt den Fall, und der Fall fällt um," im Arzte Moliere's? Es liegt wenig daran, das ist also der Eckstein, auf den er sein ganzes Gebäude aufgethürmt!

Dazu kömmt noch in einer besondern Anmerkung die persönliche Erfahrung Renan's, wo er sagt: „das Gleiche habe ich

---

*) pag. 182.

in meinem Anfall zu Byblos erfahren. Die Erinnerungen an den Vortrag jenes Tages, wo ich sinnlos hinfiel, sind gänzlich aus meinem Gedächtniß entschwunden."

Welch' unersetzlichrr Verlust für die Menschheit, die leider niemals wissen soll, was Herr Renan während einem Tage seines Daseins gedacht hat!

Aber wie gelegen kam dieser Anfall zu Byblos in Bezug auf die Erklärung der Bekehrung des heil. Paulus! Solches Glück wird freilich nur Gelehrten zu Theil.

Der Anfall von Byblos wird unvergeßlich bleiben in den Jahrbüchern der Gelehrtenkämpfe.

Die und die Person hat sich bekehrt . . . . . O! das ist ein Anfall von Byblos. Der und der glaubte gestern noch an das und das; heute ist er anderer Meinung . . . . . warum? Er hatte einen Anfall von Byblos. Das Wörterbuch sinnge=wandter Ausdrücke ist um eine neue Redeweise bereichert. Man bekehrt sich nicht mehr, sondern man hat einen Anfall von Byblos. Der entbindet von Allem, rechtfertigt Alles, entschul=digt Alles.

Herr Renan kann nur wenig Hebräisch, und das deß=wegen, weil er einen Anfall zu Byblos gehabt.

Er liebt es, sich über seine Leser lustig zu machen; ent=schuldigt ihn; er hatte einen Anfall zu Byblos.

Anfall von Byblos, Anfall von Byblos; du umfassest Alles: die ganze Geschichte der Menschheit seit achtzehnhundert Jahren, die Gründung des Christenthums, die Bekehrung der Barbaren, die heutige Bildung, alles verdanken wir einem An=fall von Byblos.

Nach diesem Vorgang ist's begreiflich, daß Renan das Zwiegespräch zwischen dem heil. Paulus und der Stimme leicht erklärt: Paulus glaubte eben zu hören und zu antworten; das ist Alles und mit einem Federzug ist's gethan.

Nun bleibt aber noch zu erklären übrig: das Staunen und der Schrecken der Begleiter des heil. Paulus. Haben sie alle etwa auch Gehirnerhitzung gehabt? Haben sie alle auch den Sonnenstich bekommen? Und warum hatten sie nicht auch die gleichen Eindrücke, wie er? Renan hat leider vergessen uns das zu sagen.

Man denkt eben nicht an Alles; und — dann gibt's ja einen Anfall von Byblos.

Bezüglich der Heilung des heil. Paulus und der Dazwischenkunft des Ananias sind die Erklärungen Renan's nicht minder glücklich. Er schreibt auf der letzten Seite dieser wunderbaren Geschichte:

„Paulus gelangte mit Hülfe seiner Begleiter, die ihn an der Hand führten, nach Damaskus. Sie brachten ihn zu einem gewissen Judas, der in der geraden Straße wohnte.*) Die auf's höchste gestiegene Blendung und Gehirnerhitzung nahmen nicht ab. Während dem dreitägigen Fieber aß und trank Paulus nicht. Was während diesem entscheidenden Zeitpunkt in dem glühenden, durch eine gewaltsame Erschütterung zum Narren gemachten Kopfe vorgegangen sein mag, läßt sich leicht errathen. Man redete vor ihm über die Christen zu Damaskus, und insbesondere von einem gewissen Ananias, der Vorsteher der Gemeinde gewesen zu sein scheint. Paulus hatte öfters die wunderbare Macht der neuen Gläubigen in Bezug auf Krankheiten rühmen gehört. Der Gedanke, daß die Händeauflegung ihn dem Zustand, in welchem er sich befand, entreißen könnte, bemächtigte sich seiner.

Seine Augen waren noch immer entzündet. In den Traumbildern, die eines nach dem andern unabläßig sein Gehirn durchkreuzten, glaubte er auch den Ananias eintreten zu sehen, und über ihm die den Christen gewöhnliche Handauflegung machen. Von nun an war er überzeugt, daß ihm seine Heilung durch Ananias geworden.

Ananias wurde benachrichtigt, kam, redete zärtlich mit dem Kranken, nannte ihn Bruder und legte ihm die Hände auf. Und von diesem Augenblicke an kehrte Ruhe in die Seele Pauls

---

*) An dieser Stelle liefert Renan in einer Anmerkung eine gelehrte Abhandlung über diese Straße, er führt Wüstenfeld, Portner und Wilson an. Das ist prächtig und ich will gern glauben, die Anmerkung sei sehr gelehrt. Aber wozu das, da es Niemand ansieht?... Urtheile nicht vorschnell, lieber Leser! Es hat den Zweck, die Meinung beizubringen, die übrigen Anmerkungen und Anführungen seien von gleicher Beweiskraft. Renan hat es gründlich los, denjenigen Sand in die Augen zu streuen, welche weder die Absicht noch die Fähigkeit besitzen, die Wahrheit seiner Anmerkungen zu untersuchen, und das ist der Fall bei der Großzahl seiner Leser.

ein. Er glaubte sich geheilt und da die Krankheit eine
nervöse war, so war er's auch. Die kleinen Krusten oder
Schuppen sollen von seinen Augen gefallen sein; er aß und
trank, und gelangte wieder zu Kräften." *)

Da haben wir's wieder.

Ich überlasse den Aerzten die Entscheidung, ob eine Augen=
entzündung, eine sogen. Ophthalmie eine Nervenkrankheit sei.
Ich begnüge mich, meine Verwunderung auszusprechen.

Das ist also nach Renan die Bekehrung des heil. Paulus.
Scheint Jemanden diese oder jene Ursache ungenügend, um diese
oder ähnliche Thatsachen zu erklären, so fehlt es ihm eben am
Anfall zu Byblos.

V.

Die Lehre bezüglich der Leichtgläubigen.

Trotz seines Anfalls zu Byblos scheint Renan durch all die
von ihm angewendeten schönen Vernunftschlüße doch nicht über=
zeugt zu sein. Er fühlt selber das Ungenügende seiner Erklä=
rung der Gründung des Christenthums.

Es braucht eben spottwenig, um zu behaupten: Jesus sei
nur ein Betrogener gewesen, der schließlich selbst glaubte, er sei
der Sohn Gottes oder Gott selber; und deßwegen, weil seine
Jünger, die ebenfalls Betrogene waren, es glaubten und pre=
digten.

Er braucht spottwenig dazu, um die Auferstehung durch
das Trugbild eines sinnlichen Weibes zu erklären.

Die Herabkunft des hl. Geistes durch einen Gewittersturm
und die Bekehrung des hl. Paulus durch einen Sonnenstich und
eine Ophthalmie.

Aber es erübrigt immer noch die Erklärung der Gründung
des Christenthums selbst, d. h. der außerordentlichen Thatsache,
welche die Geschichte erwähnt und die das allergrößte Wunder
wäre, wenn sie sich nur auf Sinnestäuschungen, Gewitterstürme,
Sonnenstichen und Anfälle zu Byblos stützen müßte.

---

*) pag. 189.

Darum versucht Renan einen neuen Anlauf, um gleichsam ex professo eine Lehre aufzustellen, die eigentlich schon in der ganzen Abhandlung ausgesprochen liegt, eine Lehre, die ich in Ermanglung eines bessern Ausdrucks die Lehre bezüglich der Leichtgläubigen nenne.

Gemäß dieser Lehre ist Jesus Christus deßwegen der Sohn Gottes genannt und geglaubt, weil ihn die Juden mehr oder weniger für den Sohn Gottes hielten. Die Apostel und Jünger hielten ihn für den Sohn Gottes und Gott selbst, weil sie Juden waren, weil sie unter dem Einfluß seines einnehmenden Wesens stunden, weil die Ueberlieferungen bezüglich des Messias unter ihnen verbreitet, und deßhalb zu diesem Glauben geneigt waren.

Sie glaubten an Wunder, weil man unter den Juden allgemein, ja sogar bei den Heiden an Wunder glaubte.

Sie glaubten an die Auferstehung, weil sie sich nicht mit dem Gedanken vertraut machen konnten, daß ihr Wissen ihnen für immer entschwunden sei.

Der hl. Paulus selbst glaubte Gegenstand eines Wunders zu sein, weil er Jude war, wie die übrigen Apostel.

Die Juden bekehrten sich in Masse auf die Predigt des hl. Petrus und der übrigen Apostel hin deßwegen, weil sie eben Juden und sehr geneigt waren, an Wunder zu glauben und Lehren anzunehmen, welche mit den ihrigen übereinstimmten u. s. f.

Daß indeß die Apostel ihrem Meister zur Zeit seines Leidens feige verließen;

Daß die Juden Jesum mehr denn einmal steinigen wollten und ihn schließlich wirklich an's Kreuz schlugen;

Daß diese Juden den hl. Stephanus steinigten, die Apostel in's Gefängniß warfen und die Christen als Anhänger Jesu auf's heftigste verfolgten:

Daran liegt wenig, sie waren dennoch Leichtgläubige.

Was aber, Herr Renan, was wollen Sie denn im Betreff der Heiden sagen? Sie waren ja keine Juden, besaßen nicht die Gläubigkeit der Juden; nein! sie haßten die Juden und wollten gar nichts mit ihnen zu schaffen haben. Wie haben sie also das Christenthum annehmen können. Sie entwerfen selber ein entsetzliches Bild von der heidnischen Unsittlichkeit, einer Unsittlichkeit, welche gewiß die Einführung des christlichen Sittenge-

setzes äußerst schwierig machte: und wie nun konnte dieses christ=
liche Sittengesetz die heidnische Unsittlichkeit überwinden?

Nun folgt das Kapitel 17; (ich überschlage 3 oder 4 Kap.)
das eines der merkwürdigsten des Renan'schen Buches ist.

Er, der weder Achtung vor den Evangelien, noch der
Apostelgeschichte besitzt, durfte auch die Weltgeschichte mit nicht
mehr Achtung behandeln. Bis anhin glaubte man, gestützt auf
das Zeugniß griechischer und lateinischer Schriftsteller, das Zeug=
niß der Zeitgenossen, des Tacitus, Juvenal und Anderer: daß
das im Römerreiche noch vorhandene Gute die Ausnahme bil=
dete, während sonst allgemein eine scheußliche Sittenfäulniß und
eine entsetzliche Auflösung aller sittlichen Bande herrschend war. Die
Kunstüberreste schienen diese Meinung zu bestätigen: Man mußte
Gesetze aufstellen, um die Ehe aufrecht zu erhalten, und die Erb=
folge in der Familie sichern; die schändlichsten Ungeheuer der
Wollust und Unzucht waren geduldet, ja geliebt und vergöttert
in der Person eines Tiberius, Kalligula und Nero; ja, wer noch
irgend welchen Zweifel hegen könnte, dem bieten die Ueberreste
des ausgegrabenen Pompeji eine schreckenerregende Offenbarung
über den sittlichen Zustand der Welt zur Zeit der Ankunft
unsers Herrn Jesu Christi.

Hören wir nun, was Renan's Buch darüber sagt. Es
heißt da: „der alte Geist der Römer lebte noch; noch stund der
Adel der Menschheit unvertilgbar da. Eine mächtige Ueberlie=
ferung von Edelsinn und Tugend setzte sich fort ... Die Aus=
schweifungen auf der Oberfläche berührten keineswegs den Hinter=
grund von Rechtschaffenheit und sittlichem Ernst, der unter den
bessern Ständen der Römer vorhanden war ... Frauen, welche
auf Inschriften als castissimae bezeichnet werden, sind
keine Seltenheit ... Die Kindererziehung war ernst und sorg=
fältig. Die Frauen des höchsten Adels fertigten mit eigenen
Händen die Bedürfnisse der Hausbekleidung; die Sorgen für
Putz und Anzug waren in den bessern Familien fast unbekannte
Dinge.*) ... Die Weltweisheit war in den bessern römischen
Häusern heimisch geworden und hielt tapfer Stand. ... Wenn
auch nicht Alles sich beugte, so gab es dennoch Weise. Aber
sehr oft blieb ihnen kein anderes Hilfsmittel, als der Tod.

*) pag. 306, 307 und 308.

58

(oho!) Die uneblen Theile der Menschheit kamen zeitweise oben auf. (aha!) Der Geist des Schwindels und der Grausamkeit überschritt dann seine Schranken und machte Rom zu einer wahren Hölle." *)

Abermals ein köstliches Bekenntniß.

Nun folgt eine Verherrlichung der kaiserlichen Verwaltung in den Provinzen, um zu folgendem Schlusse zu gelangen: „Alles in Allem war die Welt, die Zwangslasten der Verwalter und die von einer unverantwortlichen Regierung untrennbaren Gewaltthaten abgerechnet, in vielen Beziehungen nie glücklicher gewesen." **)

Und als ob das noch nicht kühn genug wäre, fügt Renan bei: „Das Kaiserreich war eine Zeit des Glückes und Wohl= standes, wie man bisher noch nie erfahren; ja man darf unbe= stritten beifügen: von **Freiheit.**" ***)

Und die drei Jahrhunderte der Verfolgung, die Verbannung der Weltweisen, die Gütereinziehungen und die Strafen aller Art hindern den Trugschlüßler keineswegs unter die Freiheiten, deren sich die Kaiserzeit erfreute, auch die Denkfreiheit zu zählen. „Das ist wahr," sagt er: „das römische Reich verfolgte wohl zu gewissen Zeiten heftig das Christenthum, aber es hin= derte es wenigstens nicht."

Ein prächtiger Schluß: das Kaiserreich verfolgte das Chri= stenthum, aber seine Verfolgungen konnten es nicht vertilgen, demnach gestattete das Kaiserreich die Denkfreiheit.

O Anfall von Byblos!

Und im Verlaufe seiner Abhandlung findet Renan, daß das Christenthum um so eher angenommen wurde, als man von „einer neuen Zeit und neuen Welten träumte"; †) als die Sitten sich verfeinerten ††), wofür die Schlächtereien der Weltkämpfer und die den wilden Thieren hingeworfenen Menschen Zeugniß geben; als der Sklave jetzt seinem Herrn gleichgestellt war",†††) und als sich „allseitig" das Bedürfniß nach einer Religion that= kräftig geltend machte, welche nur einen Gott annahm, und zur Grundlage für die Sittlichkeit göttliche Vorschriften gab." *†)

---

*) pag. 309 und 310.   **) pag. 312.   ***) pag. 314.
†) pag. 317.   ††) pag. 318.   †††) pag. 319.
*†) pag. 338.

Um es mit einem Wort zu sagen:

Die Welt war vollständig geneigt, den Unterricht des Christenthums anzunehmen.

Darum also haben die Juden die Apostel verfolgt;

Darum also haben die Kaiser dreihundert Jahre lang die Christen verfolgt;

Darum also setzten die Weltweisen alle Hebel in Bewegung, um die christlichen Glaubenssätze zu bekämpfen;

Darum also verlangte das Volk sogar die Armen und Sklaven, daß man die Christen den wilden Thieren vorwerfe und klatschten den Henkersknechten Beifall zu, wenn man die tugendhaftesten Menschen, schwache Frauen, unschuldige Jung= frauen und sogar Kinder marterte!

Die Welt war demnach vorbereitet zur Aufnahme des Christenthums, also die Ausbreitung des Christenthums eine natürliche Thatsache, so lautet der Schlußsatz Renan's.

Die Welt hat dreihundert Jahre lang auf's Heftigste gegen das Christenthum angekämpft; die römischen Kaiser sahen in ihm einen Feind ihres Ansehens, das Volk einen Gegner seiner Götter, alle Leidenschaften den Widersacher ihrer Gelüste, alle Gebildeten den Feind ihrer Vorurtheile, das ist die Wahrheit und das Christenthum hat über all diese Hindernisse gesiegt und darum sagen wir:

Die Gründung des Christenthums ist keine natürliche Thatsache.

Wir sagen ferner:

Wenn Jesus wirklich nur ein unwissender Mensch, aber ein Gaukler und Betrüger gewesen;

Wenn die Thatsache der Auferstehung Jesu nur eine Sinnes= täuschung;

Wenn alle Wunder, die den Sieg des Christenthums er= klären, nur Täuschungen, Einbildungen, Betrügereien, falsch verstandene Stürme und falsch begriffene Sonnenstiche sind, dann wird der Sieg des Christenthums je länger je mehr unerklärlich, dann wird er je länger je mehr wunderbar.

Es ist also ein Wunder durchaus nothwendig: entweder am Anfang oder am Ende.

Setzt man das Wunder an den Anfang, dann ist Alles erklärt und die Vernunft befriedigt;

Wenn an's Ende, dann setzt es zur Besiegung des Irr=
thums und zum Triumph über die Thorheit die Dazwischenkunft
Gottes voraus. Es ist aber unmöglich, eine derartige Dazwischen=
kunft anzunehmen:

Folglich muß das Wunder an den Anfang verseßt werden.
Und wenn das geschehen, dann muß es sich begreiflicherweise
fortsetzen und vollenden: Alles ist damit erklärt, Alles hellt sich
auf, der Geist ist befriedigt und in's Herz kehrt ein tiefer innerer
Friede ein, so daß es ausruft:

Christus vincit, Christus regnat, Christus imperat.

Ja Christus ist der Besieger der Trugschlüßler,

Christus ist allein würdig, über Verstand und Herz zu
herrschen.

Christus ist der Herr der Welt.

VI.

Schluß.

Ich glaube nachgewiesen zu haben, was ich anfangs sagte:
Daß nämlich das Buch „die Apostel" wie das „Leben Jesu"
eine neue Bestätigung der Göttlichkeit des Christenthums ist.

Da sieht man denn eigentlich, auf was der heutige Un=
glaube zurückgedrängt ist. Er spricht sich aus durch den Mund
eines Institutsmitglieds, eines sogenannten Gebildeten, eines
Schriftstellers, der die Religion, die er bekämpft, wohl kennt, und
der aus seinen kirchlichen Vorstudien eine Kraft erlangt hat, wie
sie eine bloße Lycealbildung nicht verleiht.

Die ungläubige Frucht unserer Lyceen und Lehrerseminarien
ist About;

Die ungläubige Frucht unserer Priesterseminarien Renan.

Ich sage ausdrücklich: ungläubige Frucht; denn es gibt
andere Zöglinge unserer Lyceen, die Frankreich Ehre machen;
Ehre durch ihre Wissenschaft, ihre Schriften und ihren Glauben;
ich brauche auch nicht aufzuzählen die Zöglinge unserer Semi=
narien: es sind unsere Bischöfe und die Großzahl unserer Geist=
lichen, sowie eine nicht weniger große Anzahl ausgezeichneter

Christen in der Welt, die ihre Bildung durch Priester empfan=
gen, und die beweisen, was Gutes, Erhabenes und Ruhm=
würdiges die christliche und religiöse Erziehung hervorzubringen
im Stande ist.

Uebrigens steht Renan in gewisser Beziehung höher als
About, sofern nämlich ein Trugschlüßler etwelchermaßen auch
höher steht, als ein Schauspieler.

Betrachten wir nun, was Alles ein Gelehrter, ein Instituts=
mitglied, ein sogenannter Gebildeter und Schriftsteller gegen das
Evangelium, den übernatürlichen Charakter und die Göttlichkeit
des Christenthums vorzubringen vermochte.

Von der Schwäche und den Lächerlichkeiten seiner Erklä=
rungen läßt sich auf die Gründlichkeit der Beweise schließen, auf
die sich unsere Religion stützt.

Die Verfolger wurden besiegt,

Die Irrlehrer überwunden,

Die hohnlachenden Weltweisen geschlagen,

Die etwas ernsteren Weltweisen aber müssen am Siege ver=
zweifeln;

Nero, Arius, Luther, Voltaire und Renan sind Besiegte,
die das siegreiche Christenthum an seinen Triumphwagen fesseln
kann.

Und so wird es fortgehen bis zum Ende der Tage; denn
der Tag, wo der Unglaube für immer siegreich zu sein wähnt,
ist der jüngste Tag am Ende der Welt; dieser Tag ist aber
angekündigt als derjenige, an welchem unser Erlöser Jesus Christus
den glänzendsten und letzten Sieg feiern wird.

Darum, o Christen, haben wir nichts zu fürchten.

Wir, die Gläubigen, wir können den stets erneuerten und
stets gleicherweise erfolglosen Kämpfen ruhig zusehen. Können
wir nicht gerade diesen Leuten, welche die Wunder leugnen,
welche das Einwirken Gottes auf die Welt verwerfen, welche im
Christenthum nur eine natürliche Thatsache und eine Religion
erblicken, die wie alle falsche Religionen neuen Lehren Platz
machen müsse; können wir ihnen nicht ein Wunder entgegen
halten, das ewig, das faßbar, und für den Unglauben geradezu
vernichtend ist?

Wenn die Trugschlüsse uns blenden, wenn unser Glaube
vor den Spitzfindigkeiten einer irrthümlichen Wissenschaft und

einer auf Abwege gerathenen Vernunft wankend werden will, genügt dann nicht ein einziger Blick, ein einziges tieferes Nach= denken, um den Irrthum aufzudecken und die Ueberzeugung zu kräftigen?

Wo findet sich die wahre Bildung in der Welt? Wo anders als unter den christlichen Gesellschaften.

Welche Völker beherrschen die Welt, wenn nicht gerade die christlichen Völkerschaften?

Wo findet die Familie, dieser Grundstock aller Gesellschaft, diese Quelle, wo das Leben der Menschheit sich erneuert, wo findet sie ihren sichersten Hort, als eben im Christenthum?

Man kann spötteln und trugschlüsseln, so lange im All= gemeinen Ruhe und materieller Wohlstand herrschen; man lasse aber Unglücksfälle und Umsturz herankommen, und man wird erfahren, daß Jedermann Hoffnung und Rettung allein in der Religion, als der allein sichern Zufluchtsstätte sucht.

Und was geschieht gerade in unsern Tagen?

Da ist ein bethörtes Land, das Mönche und Nonnen ver= jagt und sich Parteihäuptern überläßt, deren Ziel der Umsturz des Christenthums ist. Da kommt die Cholera; die starken Geister nehmen Fersengeld; die katholischen Priester aber harren auf ihrem Posten aus, und schüchterne Frauen, die demüthigen Schwestern der göttlichen Liebe eilen herbei. Das Unglück schreckt die Feinde Jesu davon und scheint die herbeizulocken, welche Jesum anbeten. Und die christliche Liebe bekämpft das Unglück und besiegt es.

Man konnte das zu Ankona sehen.

Ein vor Kurzem durch den Ackerbauminister veröffentlichter Bericht nennt ausdrücklich die Heldenthaten unserer Priester und barmherzigen Schwestern. Er ist in seiner Art ein Beweis für die Göttlichkeit des Christenthums.

Nicht die kritische Schule ist es, die solche Opferfähigkeit erzeugt.

Im Augenblicke, wo ich dies schreibe, rafft die Cholera in einer Stadt des Großherzogthums Luxemburg unzählbare Opfer dahin. In dieser Stadt gab es auch sogenannte starke Geister und Bewunderer des „Lebens Jesu“. Vor dem Ausbruch der Seuche hatten sie nur Beleidigungen für die katholischen Priester und den zu Luxemburg wohnenden katholischen Bischof. Das

Unglück bricht aus und jetzt findet eine allgemeine Auswanderung statt. Wie man Nachschau hält, findet man keine starken Geister, keine Freimaurer mehr. Die Freimaurer sind geflohen, aber die Priester und barmherzigen Schwestern sind zurück geblieben; es eilen noch Priester aus der Umgebung herbei; der Bischof eilt in die Mitte seiner trostlosen Heerde und siehe! es kehrt Muth in die Herzen zurück, die Krankheit nimmt ab und verschwindet.

Das geschah zu Dünkirch im Monat April des Jahres 1866.

Laßt sie also forttreiben, laßt sie schreien, laßt sie schreiben, laßt sie rechthaben, vernünfteln und unvernünfteln; ein einziger Missionär, ein einziger guter Priester, eine einzige barmherzige Schwester genügte, um das ganze, so mühsam aufgerichtete Baugerüste des Unglaubens über den Haufen zu werfen.

Denn der gute Sinn des Volkes, die allgemeine öffentliche Meinung ists, die Widerstand leistet und allzeit nur jene Religion, nur jenen Glauben als wahr anerkennt, der täglich die wunderbarste Opferwilligkeit, die außerordentlichsten Heldenthaten und Tugenden aller Art, selbst die unmöglich scheinenden, wie Demuth, Keuschheit, Geduld und Todesverachtung erzeugt; nie aber einer Religion, die auf einem Zusammentreffen unglaublicher, natürlicher Verumständungen, Sinnestäuschungen, Trugbildern, Stürmen und Sonnenstichen beruht; nie einem Glauben, der sich auf nichts Sicheres stützt, und den man zu zertrümmern meint, indem man jede Seite eines Buches mit einem „vielleicht, es scheint, es ist wahrscheinlich, es hat den Anschein" herausstreicht.

Der gute Sinn wird nie zugeben, daß der Irrthum die Grundlage der mächtigsten Gesellschaft sei, noch daß die Sinnestäuschung einiger armer, verachteter, unwissender Menschen die Welt habe umgestalten und sich achtzehnhundert Jahre habe fortsetzen können.

Das können höchstens solche zugeben, welche Anfälle von Byblos gehabt und meinen: man werde ihren Einbildungen und Vermuthungen Glauben schenken.

Das können nur solche, die einen Vortheil darin finden, die Religion für falsch zu halten, und das deßwegen, weil sie ihren Leidenschaften widerstrebt, und in den Erzeugnissen des alten Seminaristen etwas sehr Ernsthaftes erkennt.

Und gerade das spricht zu Gunsten des Christenthums;

denn die Leidenschaften, denen sie huldigen, waren noch heftiger zur Zeit der Apostel, und fußten auf hundert= und tausendjäh= rigen Vorurtheilen und hatten zu ihrem Schutz gegen die neue Lehre die öffentliche Gewalt, die Wissenschaft, die Weltweisheit und die Unwissenheit der Volksmassen.

Auch dieser Unglaube geht sichtlich den Krebsgang.

Er hat zuerst das Dasein Christi geleugnet. Dupuis wollte im Erlöser nur ein die Sonnenbahn vorstellendes Sinnbild sehen.

Auf diesem Punkt geschlagen behauptet er: Jesus sei sa= genhaft, nur eine halbgeschichtliche Persönlichkeit und zur Hälfte fabelhaft.

Strauß machte den Versuch schon vor dreißig Jahren, und er ist ihm nicht geglückt.

Man mußte daher zurückkrebsen und das vollständig ge= schichtlich bewiesene Dasein zugeben. Aber jetzt versucht man seine Göttlichkeit anzufechten. Und das thut Renan (und nach ihm als Nachäffer) der Salomon Vögeli.

Jedermann ist jetzt befähigt, über den Erfolg der Christus= leugner zu urtheilen.

Doch genug. Wir dürfen hier Halt machen.

Indessen ein letztes Wort.

Ich habe, empört über die Trugschlüsse, einige harte Aus= drücke gebraucht — ich nehme sie aber nicht zurück, und zwar deßwegen nicht, weil ich sie für gerechtfertigt halte.

Ich nehme sie nicht zurück, weil wenigstens ich die Ge= wohnheit nicht aufgeben will, die Dinge bei ihrem rechten Na= men zu nennen.

Vera rerum vocabula. Wollte man aber daraus folgern, daß der Verfasser der „Apostel" in mir ein anderes Gefühl als das tiefen Mitleides und schmerzlicher Theilnahme erregt, dann müßte ich dagegen Verwahrung einlegen.

Renan greift unsern Glauben an, und deßhalb darf man empört sein;

Er greift ihn an mit den lächerlichsten Gründen, und deß= wegen darf man füglich lachen;

Aber Renan ist unglücklich und darum bedaure ich ihn.

Ich glaube, daß er diese innerlichen Kämpfe, welche nach seiner Schilderung die Seele des hl. Paulus beschäftigt haben sollen, selber erfahren. Auch er fühlt wie hart es ist gegen den

Stachel auszuschlagen. Es ist aber Christenpflicht zu beten, daß dieser Kampf sein Ende finden möge, ich will nicht sagen zum Triumphe Christi, sondern mit der glücklichen Niederlage des Schuldigen, und folglich mit der Wiedererlangung des Friedens und der Ruhe seiner Seele. Es findet sich in dem Buche, das ich einer flüchtigen Besprechung unterstellte, eine prächtige Stelle über das Glück eines gemeinsamen, brüderlichen Zusammenlebens, fern von allem Eigennutz und Haschen nach Volksgunst;*) diese Stelle zeugt von lebhafter Reue und guten Hoffnungen. Es findet sich auch eine andere über die Nothwendigkeit einer Reli= gion für die Menschheit, und über die Höhe des Standpunktes, zu dem sich die Menschheit erschwingen könnte, wenn sie weit religiöser wäre, und diese Stelle zeugt uns von einer mit sich selbst unzufriedenen Seele, so übel sie auch sonst Religion und Wahrheit behandeln mag. **) Ich will bei dieser Stelle ab= schließen und mit Renan ausrufen:

„Der Fortschritt wird die Religion erweitern, statt sie ver= nichten oder schwächen." ***)

Möge sich Renan hierin nicht täuschen.

Die Religion kann sich an und für sich nicht erweitern: sie bleibt, was sie ist, denn sie ist vollkommen, weil göttlich, weil sie von Jesus Christus ihre Vollendung erlangt hat. Non veni solvere legem, sed adimplere: Ich bin nicht gekommen, das Gesetz aufzuheben, sondern es vollkommen zu machen.

Aber in Verstand und Herz muß die Religion sich erwei= tern, und dieser Fortschritt ist sichtbar seit der Gründung des Christenthums. Jeder Irrthum trägt dazu bei: die Wahrheit zu verdeutlichen, jede Verletzung des Sittengesetzes ist ein neuer Beweis für seine Nothwendigkeit. Was Gott gemacht hat, können wir nicht vervollkommnen, wohl aber es immer besser kennen lernen, und die christlichen Lehren im Leben der Gesellschaft so= wohl, wie des Einzelnen zu immer gewissenhafterer Anwendung bringen.

Nur so wird diese herrliche christliche Bildung, welche schon

---

*) pag. 232.
**) pag. 384.
***) pag. 385.

so Ruhmwürdiges zu Stande gebracht, sich immer mehr aus=
breiten, nur so die Laster sich mindern, die Tugenden sich meh=
ren, und die Menschheit den ihr auf Erden möglichen Grad des
Glückes erreichen.

Diesen Fortschritt muß man im Auge haben; er vermag
auch die herrlichsten Verstandeskräfte und die edelsten Herzen zu
fesseln.